iberlegungen

reitung

Land und Leute

Tipps zum Einleben

Geld verdienen
und sparen

Unterkünfte
für Backpacker

Unterwegs
in Neuseeland

Anhang

003ns Abb.: ar

Reise Know-How im Internet

Aktuelle Reisetipps und Neuigkeiten
Ergänzungen nach Redaktionsschluss
Büchershop und Sonderangebote

www.reise-know-how.de
info@reise-know-how.de

Wir freuen uns über Anregung und Kritik.

Andrea Buchspieß, Johanna Kommer

Neuseeland – Reisen und Jobben

„Nicht weil es unerreichbar ist,
wagen wir es nicht, sondern weil wir es
nicht wagen, ist es unerreichbar.“

Seneca

Impressum

Wir freuen uns über Kritik, Kommentare und Verbesserungsvorschläge.

Alle Informationen in diesem Buch sind von den Autorinnen mit größter Sorgfalt gesammelt und vom Lektorat des Verlages gewissenhaft bearbeitet und überprüft worden.

Da inhaltliche und sachliche Fehler nicht ausgeschlossen werden können, erklärt der Verlag, dass alle Angaben im Sinne der Produkthaftung ohne Garantie erfolgen und dass Verlag wie Autorinnen keinerlei Verantwortung und Haftung für inhaltliche und sachliche Fehler übernehmen.

Die Nennung von Firmen und ihren Produkten und ihre Reihenfolge sind als Beispiel ohne Wertung gegenüber anderen anzusehen. Qualitäts- und Quantitätsangaben sind rein subjektive Einschätzungen der Autorinnen und dienen keinesfalls der Bewertung von Firmen oder Produkten.

Andrea Buchspieß, Johanna Kommer
Neuseeland – Reisen und Jobben
erschienen im
Reise Know-How Verlag Peter Rump GmbH, Bielefeld
Osnabrücker Straße 79, 33649 Bielefeld

Herausgeber: Klaus Werner

1. Auflage 2006

Gestaltung
Umschlag: G. Pawlak, P. Rump (Layout), K. Werner (Realisierung)
Inhalt: G. Pawlak (Layout), A. Medvedev (Realisierung)
Fotos: siehe Bildnachweis S. 159

Druck und Bindung
J. P. Himmer GmbH & Co. KG, Augsburg

ISBN 3-8317-1416-9
Printed in Germany

Dieses Buch ist erhältlich in jeder Buchhandlung Deutschlands, Österreichs, der Schweiz, Belgiens und der Niederlande. Bitte informieren Sie Ihren Buchhändler über folgende Bezugsadressen:

Deutschland
Prolit GmbH, Postfach 9, D-35461 Fernwald (Annerod)
sowie alle Barsortimente
Schweiz
AVA-buch 2000, Postfach 27, CH-8910 Affoltern
Österreich
Mohr Morawa Buchvertrieb GmbH
Sulzengasse 2, A-1230 Wien
Niederlande, Belgien
Willems Adventure
Postbus 403, NL-3140 AK Maassluis

Wer im Buchhandel trotzdem kein Glück hat, bekommt unsere Bücher auch in unserem **Büchershop im Internet:**
www.reise-know-how.de

Andrea Buchspieß, Johanna Kommer

Neuseeland – Reisen und Jobben

Inhalt

Vorwort

Neuseeland ist genau auf der anderen Seite der Erde. Der direkteste Weg dorthin wäre, ein Loch zu graben, so tief, bis man in Wellington wieder das Tageslicht erblicken würde oder in Auckland oder, wenn man noch ein Stückchen tiefer graben würde, vielleicht sogar auf dem Mt. Cook. Nimmt man aber den Weg um die Erdkugel herum, so unternimmt man eine halbe Weltreise und alle Leute, die weiter reisen als bis nach Neuseeland, befinden sich schon wieder auf dem Heimweg.

Aotearoa – das Land der langen weißen Wolke –, wie die Maori, die Ureinwohner, es nennen, ist bekannt für viele Dinge wie z. B. Kiwis, Bungeejumping, Hobbits und ganz Mittelerde. Das Land wurde durch die Filmtrilogie „Der Herr der Ringe" in das Rampenlicht der Welt gerückt und die Filme machten Neuseeland vor allem für eins berühmt: die Landschaft. In Neuseeland kann man noch atemberaubende Natur finden, die von Menschen scheinbar unberührt geblieben ist. Ein Land so klein und übersichtlich mit dem vollen Spektrum an allem, was sich ein Reisender wünschen kann. Die Vielfalt ist enorm, für jeden ist garantiert etwas dabei und das ist kein Zufall, denn die Neuseeländer versuchen, es ihren Gästen so recht wie möglich zu machen. Durch ihre Offenheit, Freundlichkeit und Kompetenz gegenüber Touristen haben sie das Land zu einem leicht bereisbaren Ziel gemacht und es trotzdem geschafft, die Originalität Neuseelands zu erhalten. Um in diese einmalige Atmosphäre eintauchen zu können, sollte man am besten einige Monate Zeit mitbringen.

Wer hat nicht schon mal über ein Sabbatical, eine längere Auszeit vom Berufsleben, nachgedacht? Oder mit ein paar aufregenden Abenteuern vor dem Beginn eines neuen Lebensabschnittes, wie

z. B. dem Studium oder dem ersten Job, geliebäugelt? Dieses Praxis-Handbuch soll Mut machen, den Ausstieg zu wagen, um Neuseeland intensiv erleben zu können.

Neben vielen Tipps zur Reiseplanung und -vorbereitung gibt es Hinweise für einen erfolgreichen Reisestart und einen ersten Vorgeschmack auf das Leben eines Backpackers/eines Individualreisenden in Neuseeland. In dieses Buch sind viele persönliche Erfahrungen von Backpackern eingeflossen, um praxiserprobte Tipps geben zu können. Sei es nun für Leute, die drei Monate intensiv reisen wollen und dafür mit ihrem Arbeitgeber ein Langzeitkonto aushandeln oder jene, die ein ganzes Jahr in Neuseeland leben und auch arbeiten möchten. Natürlich steckt jeder in einer etwas anderen Situation und muss sich individuell vorbereiten. Dieses Buch wird daher nicht auf alle Fragen eine Antwort geben können. Dafür aber Denkanstöße: Was ist zu beachten? Woran muss ich alles denken? An wen kann ich mich wenden? Wo erhalte ich weitere Informationen?

Derartig vorbereitet, sollte der Entscheidung für eine Auszeit in Neuseeland und für eine ganz besondere Erfahrung nichts mehr im Wege stehen.

Andrea Buchspieß und Johanna Kommer

Hinweise zur Benutzung

Bei Preisangaben im Text steht die Währung $ für Neuseeländische Dollar. Der Wert eines Neuseeländischen Dollars entspricht zum Redaktionsschluss (Oktober 2005) ca. 0,58 Euro bzw. 0,89 Schweizer Franken. Den tagesaktuellen Wechselkurs kann man zum Beispiel bei www.oanda.com über den Currency Converter abrufen.

Danksagung

Ganz besonders bedanken möchten wir uns für die Bereitstellung von Fotomaterial bei Alexandra Albert von Pan Pazifik (www.panpazifik.de), Norbert „Nobby" Romahn, dem wir viel Glück und Erfolg für seinen Verein „Lachende Kinder in Nepal" (www.kinder-nepal.org) wünschen, André de Vries, Anja Reitzner und Elke Walter.

Die Auckländer Skyline

Vorüberlegungen

Entscheidungsfindung: Soll ich wirklich?

Wer will nicht gern mal für eine Weile **aussteigen?** Einfach in die Welt reisen, neue Erfahrungen sammeln und fernab vom Alltagsstress die Seele baumeln lassen. Gerade wenn man schon im Berufsleben steht, ist ein Ausstieg auf Zeit jedoch mit großen Fragezeichen und Unsicherheiten verbunden. Auf der einen Seite möchte man sich einen Traum erfüllen, auf der anderen Seite steht die Absicherung im sozialen Netz und die Lebens- und Karriereplanung. Viele Fragen und das Nachdenken über mögliche Konsequenzen machen die Entscheidung nicht leicht, bedeuten aber gleichzeitig auch eine gute Vorbereitung. Wer rechtzeitig und in aller Ruhe Zweifel ausräumt und Vorsorgemaßnahmen trifft, wird später keine bösen Überraschungen erleben.

Entscheidungshilfen

- ❑ *Mit Gleichgesinnten im Freundeskreis, in Internetforen und bei Informationsveranstaltungen sprechen.*
- ❑ *Den Kontakt zu Leuten suchen, die einen solchen Schritt schon gewagt haben, ihre Erfahrungen weitergeben und Mut machen können.*
- ❑ *Reiseführer lesen, Bildbände, Videos und Fernsehdokumentationen anschauen und träumen. All das könnte man bald mit eigenen Augen sehen.*
- ❑ *Ziele konkret aufschreiben - so sieht man klarer.*
- ❑ *Gibt es wirklich wichtige Gründe, die gegen einen Ausstieg sprechen? Können diese Gründe beseitigt werden? Wäre ein späterer Zeitpunkt tatsächlich besser?*
- ❑ *Alle Gründe aufschreiben, die dafür sprechen! Und vor allem immer daran denken, was einem gut tut.*
- ❑ *Wer will sich später sagen müssen: Hätte ich nur ...?*

Und weg mit dem Vorurteil, dass Leute, die ein **Sabbatical** (s. S. 22) nehmen, faul und arbeitsscheu sind. Wenn man solche Kommentare heutzutage noch hören sollte, dann spricht daraus wohl eher ein bisschen Neid. Wichtig ist, dass man die Auszeit vor sich selbst rechtfertigen kann. Steht man ohne Wenn und Aber hinter der eigenen Entscheidung, lässt sich auch viel besser gegenüber dem Arbeitgeber oder der Familie argumentieren. Schließlich beweist man mit einer solchen Auszeit Mut zu Neuem – anderen und vor allem sich selbst gegenüber. Und das ist besser als ein lückenloser Lebenslauf. Wenn man sich nach der Rückkehr geschickt verkauft, kann der Neuseelandaufenthalt durch die gemachten Erfahrungen und die getankte Energie sogar Pluspunkte bei der Bewerbung und beim Wiedereinstieg bringen.

Wann ist der richtige Zeitpunkt?

Viele wählen das Ende eines Lebens- oder Ausbildungsabschnittes als Zeitpunkt für eine Auszeit. Durch das Ende von Schule, Ausbildung, Studium oder den auslaufenden Mietvertrag bieten sich gute Gelegenheiten, einen längeren **Auslandsaufenthalt** einzuschieben. Wer in einem Arbeitsverhältnis steht, sollte sich daran orientieren, wann einen der Arbeitgeber am ehesten entbehren kann. Wichtig ist das vor allem, wenn man wieder in derselben Firma anfangen oder eine Urlaubsregelung vereinbaren will. Dann muss man eventuell bei der Dauer der Auszeit Kompromisse eingehen. Ist eine Entscheidung über den Beginn und die Dauer der Reise gefallen, lohnt sich bei der Planung der konkreten Reiseroute ein Blick auf die Klimabedingungen in Neuseeland, um gute Reisebedingungen und angenehme Temperaturen vorzufinden (s. S. 63).

Wichtige Adressen

Da sich die Einreisebedingungen kurzfristig ändern können, raten wir, sich kurz vor der Abreise bei den folgenden Stellen zu informieren:

Neuseeländische Botschaft in Deutschland
(auch für Österreich und die Schweiz zuständig),
10117 Berlin, Friedrichstraße 60,
Tel. 030 206210, 2062121 (Visa-Abteilung), Fax 20621114,
nzembassy.berlin@t-online.de,
www.nzembassy.com
Auf der Website findet man wichtige Informationen rund ums Thema Visum, die Plattform zum Beantragen der Visa, Formulare und Informationsblätter zum Downloaden, eine Gebührenliste sowie Antworten auf häufig gestellte Fragen.

Neuseeländisches Generalkonsulat in Österreich
1030 Wien, Salesianergasse 15/3,
Tel. 01 3188505, Fax 02 23277940,
p.sunley@aon.at

Neuseeländisches Generalkonsulat in der Schweiz
2 Chemin des Fins,
1218 Grand Saconnex, Geneva,
Tel. 022 9290350, Fax 022 9290374,
mission.nz@itu.ch

Welches Visum?

Für einen Aufenthalt in Neuseeland benötigt man auf jeden Fall einen gültigen Reisepass und bei einem Aufenthalt von mehr als drei Monaten auch ein Visum. Es stehen verschiedene Optionen zur Auswahl, die sich nach der geplanten **Dauer** der Reise und dem **Aufenthaltszweck** richten (Stand Einreise- und Visabestimmungen Sept. 2005).

Visitor Visa

Wer als **Tourist** nach Neuseeland reisen möchte, Freunde oder Verwandte besuchen oder ein kurzzeitiges Studium (wie z. B. Sprachschule) betreiben will, braucht für einen Aufenthalt von bis zu 3 Monaten kein Visum. Folgende Bedingungen müssen jedoch erfüllt sein: Man muss ein gültiges Rückreise- oder Weiterflugticket und genügend Geldmittel (1000 $ für jeden Monat in Neuseeland) nachweisen können und der Reisepass muss 3 Monate länger gültig sein als das geplante Rückreisedatum.

Wer länger als drei Monate bleiben möchte, muss ein **Besuchervisum** beantragen. Höchstaufenthalt sind 9 Monate innerhalb einer 18-monatigen Frist. Man kann in Neuseeland drei weitere Monate, bis zu einem 12-monatigen Aufenthalt, beantragen. Dann muss man allerdings 12 Monate warten, bis man wieder eine Einreisegenehmigung beantragen kann.

Das Besuchervisum wird bei der neuseeländischen Botschaft (für deutsche Staatsbürger) bzw. den jeweiligen Generalkonsulaten (für Österreicher und Schweizer) beantragt. Für die Erteilung eines Besuchervisums ist eine Gebühr von ca. 65 € bzw. 100 CHF zu zahlen (Stand September 2005). Das Formular für ein Besuchervisum (NZIS 1017) kann auf der Website der neuseeländischen Botschaft bzw. der Immigrationsbehörde heruntergeladen werden. Dort finden sich auch noch Hinweise zur **Antragstellung.** Einzureichen ist der Reisepass, ein Scheck über die Antragsgebühr, der Nachweis über ausreichende Geldmittel und über ein Rück- bzw. Weiterreiseticket, ein frankierter Rückumschlag (als Einschreiben) und ein Passbild. Österreichische Staatsbürger zahlen keine Visagebühren, müssen allerdings 6 internationale Postcoupons beilegen. Die Bearbeitungszeit beträgt ca. vier Wochen.

Mit diesen Visa darf man nicht arbeiten – auch nicht als Au-Pair. Eine Beschäftigung ohne Bezahlung, wie zum Beispiel **Wwoofing,** ist aber eventuell möglich (s. S. 101).

Working Holiday Visa

Sehr begehrt sind die Working Holiday Visa (WHV), die einen Aufenthalt von bis zu einem Jahr und das **Arbeiten** in Neuseeland sowie die Teilnahme an einem Hochschul- oder Bildungskurs, der weniger als drei Monate dauert, erlauben. Folgende Länder haben ein solches Abkommen mit Neuseeland geschlossen: Argentinien, Belgien, Chile, China (nur Hongkong), Dänemark, Deutschland, Finnland, Frankreich, Irland, Italien, Japan, Kanada, Malaysia,

Bedingungen für die Erteilung eines WHV

Der Antragsteller

- ❑ *muss deutscher Staatsbürger sein.*
- ❑ *muss einen gültigen deutschen Reisepass haben, der am Tag der Beantragung noch für mindestens zwei Jahre gültig ist.*
- ❑ *muss mindestens 18 und darf höchstens 30 Jahre alt sein (Bewerbung spätestens einen Tag vor dem 31. Geburtstag).*
- ❑ *muss den Hauptgrund des Aufenthaltes im Reisen sehen und nicht im Arbeiten.*
- ❑ *muss ein Rückflugticket bzw. ausreichend Geld für den Rückflug vorweisen können.*
- ❑ *muss mindestens 4200 $ für Lebenshaltungskosten in Neuseeland zur Verfügung haben.*
- ❑ *darf keine Kinder mit ins Land bringen.*
- ❑ *darf keine kriminelle Vergangenheit haben.*
- ❑ *muss gesund sein (Fragebogen zu Tuberkulose u. Ä.).*
- ❑ *muss eine Krankenversicherung für die Dauer des Aufenthaltes vorweisen können.*
- ❑ *darf noch kein WHV beantragt haben.*

Malta, die Niederlande, Norwegen, Schweden, Südkorea, Taiwan, Thailand, die Tschechische Republik, UK, Uruguay und die USA. Es laufen Verhandlungen mit weiteren Ländern, doch bis auf weiteres ist das WHV für Österreicher und Schweizer nicht erhältlich.

Das WHV kann von jedem beliebigen Land aus beantragt werden, die Antragstellung ist auch während eines Aufenthaltes in Neuseeland möglich. Seit Juli 2005 gibt es für deutsche Staatsbürger ein unlimitiertes Kontingent an WHVs. Diese werden allerdings nicht mehr in der neuseeländischen Botschaft in Berlin ausgestellt, sondern die Beantragung ist nur noch **online** möglich und erfolgt über die Website der neuseeländischen Botschaft oder Immigrationsbehörde (**New Zealand Immigration**

Service). Die Bezahlung der **Gebühr** von ca. 65 € erfolgt per Kreditkarte. Es werden nur Visa und Mastercard akzeptiert. Einen Bescheid über die Erteilung des Visums erhält man meist innerhalb weniger Tage per E-Mail. Man benötigt für die Einreise keinen Eintrag im Reisepass, da der Pass bei der Ankunft in Neuseeland gescannt und mit den gespeicherten Daten der Immigrationsbehörde abgeglichen wird.

Um später den neuseeländischen Arbeitgebern nachweisen zu können, dass man das WHV und damit eine Arbeitserlaubnis hat, reicht ein **Ausdruck des elektronischen Visums.** Die Gelegenheit, eine Kopie des Visums auszudrucken, erhält man mit der Bestätigung des Visums. Der Arbeitgeber hat auch die Möglichkeit, sich die Bestimmungen des Visums von dem Immigration New Zealand National Contact Centre bestätigen zu lassen.

Ist das WHV erteilt – und dieses Visum bekommt man nur einmal im Leben! – hat man ab dem Tag der Genehmigung ein Jahr Zeit einzureisen. Ab dem Tag der Einreise zählt das Visum für **12 Monate.** Unterbrechungen, um das Land zu verlassen, sind möglich, sie verlängern diese Frist jedoch nicht.

Die **Aufenthaltsdauer,** die im Visum angegeben ist, sollte auf keinen Fall überschritten werden. Eine eventuelle Verlängerung des

Anlaufstellen in Neuseeland

- ***Deutsche Botschaft,*** *90-92 Hobson Street, Thorndon, Wellington, Tel. +64 4 47360336, Fax 4736069, German.Embassy@iconz.co.nz, www.wellington.diplo.de*
- ***Österreichisches Generalkonsulat,*** *Willbank House, Level 2, 57 Willis Street, Wellington, Tel. +64 4 4996393, Fax 4996392, diessl@ihug.co.nz, www.bmaa.gv.at*
- ***Schweizer Botschaft,*** *22 Panama Street, Wellington, Tel. +64 4 4721593 oder 4721594, Fax 4996302, vertretung@wel.rep.admin.ch, www.eda.admin.ch*
- ***New Zealand Immigration Service (NZIS),*** *Level 3, 450 Queen Street, Auckland, Tel. +64 9 914 4100 (außerhalb Neuseelands), 0508 558 855 (außerhalb Aucklands), 09 914 4100 (innerhalb Aucklands), www.immigration.govt.nz*

Die Büros der Immigrationsbehörde sind über ganz Neuseeland verteilt. Es wird empfohlen, zuerst telefonischen Kontakt aufzunehmen.

Visaquote
Auch wenn es für Deutschland keine zahlenmäßige Beschränkung der WHVs gibt, sollte man bis zur Erteilung des Visums möglichst noch keine Reisebuchungen vornehmen, den Job, die Wohnung o. Ä. kündigen. Die Behörden haften natürlich nicht für dadurch auftretende Schäden.

Teilnehmende Länder
Auf der Website der neuseeländischen Immigrationsbehörde kann man sich über den aktuellen Stand des Working-Holiday-Visa-Programms informieren: www.immigration.govt.nz/migrant/stream/work

Visums muss rechtzeitig vor Ablauf des ursprünglich erteilten Visums beantragt werden. Ansonsten macht man sich strafbar, muss eine Geldbuße zahlen und kann für Jahre des Landes verwiesen werden. Das Gleiche kann passieren, wenn man ohne Erlaubnis arbeitet. Bei **Visafragen,** die während des Aufenthaltes in Neuseeland auftreten, wendet man sich an den **New Zealand Immigration Service,** die jeweilige Botschaft oder die Generalkonsulate (Adressen auf den Websites der Botschaften).

Allein oder zu zweit?

Gleich vorweg: Heutzutage ist es völlig normal, allein zu reisen. Gerade in Neuseeland sind viele Leute allein unterwegs. Man braucht – auch als Frau –

009ns Abb.: aa

Wer nicht allein reisen möchte, kann auch in Neuseeland ohne Mühe einen Reisepartner finden

weder Angst zu haben noch wird man schief angeschaut. Wer ohne Anhang reist, kann seine uneingeschränkte Freiheit genießen und Entscheidungen ohne Kompromisse treffen. Die Erfahrung, dass man allein zurechtkommt, stärkt das **Selbstbewusstsein.** Nebenbei kann man noch einige interessante Sachen über sich selbst herausfinden.

Natürlich möchte man sich manchmal gern mit jemandem über die Reiseeindrücke austauschen und oft machen Ausflüge mit mehreren Leuten noch mehr Spaß. Doch wer **Reisepartner** sucht, wird sie auch finden. Gerade wenn man allein unterwegs ist, lernt man sehr schnell Leute kennen. Sei es für eine nette Unterhaltung im Hostel oder für einen gemeinsamen Reiseabschnitt. Diese neuen Freundschaften sind eine Bereicherung und einer der schönsten Gründe zum Reisen.

Vielleicht ist die Reise mit Freund oder Freundin sogar noch ein größeres **Wagnis** als allein. Es kann leicht passieren, dass während der Reise unterschiedliche Interessen zutage kommen und dann sind Streit und Stress vorprogrammiert. Wenn es jedoch gut klappt, hat man eine Freundschaft fürs ganze Leben gewonnen.

Egal ob allein oder mit Partner, man übt sich beim Reisen auf alle Fälle in Offenheit und Toleranz.

Auf eigene Faust oder mit einer Organisation?

Wer mit einem WHV nach Neuseeland reisen will, sollte sich diese Frage gleich am Anfang der Planung stellen. Seit der Einführung des WHVs wurden etliche **Organisationen** gegründet, deren Programme eine problemlose Durchführung des Neuseelandaufenthaltes versprechen.

Sie bieten Hilfe bei der Beantragung des WHVs, die Buchung von Flug und erster Unterkunft in Neuseeland, Auslandsversicherung, evtl. auch Übernachtung und Programm bei einem Zwischenstopp, Infoveranstaltungen vor Ort, Mitgliedschaften bei neuseeländischen Organisationen, Hilfe bei der Jobvermittlung, jede Menge Infomaterial und organisationseigene T-Shirts. Die Angebote der Organisationen unterscheiden sich in den Details, sodass man um das Wälzen und Vergleichen der Infobroschüren nicht herumkommt.

Es gibt keine falsche Entscheidung

Man muss nur dazu stehen. Einige tragen stolz das von der Organisation gesponsorte T-Shirt und freuen sich, Programmteilnehmer zu treffen, andere verschwenden keinen Gedanken an „spießige, teure" Organisationen und manche nutzen deren Vorteile und machen ansonsten unabhängig ihr Ding.

Grundsätzlich ist zu sagen, dass man die Reise ohne große Probleme **alleine vorbereiten und durchführen** kann. Über das Internet kann vieles unkompliziert von zu Hause aus geregelt werden. Außerdem hat man sich in Neuseeland bestens auf die Bedürfnisse der Backpacker eingestellt, die schon seit vielen Jahren ins Land kommen, um zu reisen und zu arbeiten. Wer die Reise allein organisieren will, findet Tipps zu Visabeantragung, Unterkunft, Jobsuche u.v.m. in diesem Buch. Ohne Zweifel kann man einige Euro sparen, wenn man die Planung selbst in die Hand nimmt.

Mit einer **Programmteilnahme** ist man gut beraten, wenn man die ersten Tage der Reise gern ein paar Leute um sich hätte. Man kann andere Reiseteilnehmer meist schon vorab kennen lernen und sich in der Vorbereitungsphase austauschen. Wer nicht viel Zeit für die Vorbereitungen hat und noch mitten im Job steckt, wird für die Hilfestellung der Organisation dankbar sein. Außerdem ist es beruhigend, die Anfangszeit (inklusive Jetlag) mit Gleichgesinnten durchzustehen und Eingewöhnungshilfe

Organisationen mit WHV-Programm

- ***Pan Pazifik,*** *Pappelweg 6, 63571 Gelnhausen, Tel. 06051 887542, Fax 887594, info@panpazifik.de, www.panpazifik.de*
- ***Travelworks,*** *Münsterstraße 111, 48155 Münster, Tel. 02506 30470, Fax 304723, info@travelworks.de, www.travelworks.de*
- ***STEP IN,*** *Beethovenallee 21, 53173 Bonn, Tel. 0228 956950, Fax 9569599, info@step-in.de, www.step-in.de*
- ***AIFS Deutschland,*** *Baunscheidtstr. 11, 53113 Bonn, Tel. 0800 7772299, 0228 957300, Fax 9573010, info@aifs.de, www.aifs.de*
- ***juststudies!,*** *Stettiner Str. 2, 32049 Herford, Tel. 05221 924916, Fax 924917, info@juststudies.de, www.juststudies.de*
- ***GLS Sprachenzentrum,*** *Kolonnenstraße 26, 10829 Berlin, Tel. 030 8182800, Fax 7874191, info@gls-berlin.com, www.gls-berlin.com*

von der Organisation zu bekommen. Wer will, kann sich in seiner Reisegruppe gleich einen Begleiter für die Weiterreise suchen. Auf die (besorgten) Verwandten und Bekannten daheim wirkt ein offizielles Programm beruhigend. Man wird mit einer Postadresse für Neuseeland (meist das Büro der Organisation vor Ort) inkl. Postweiterleitungsservice *(mail forwarding service)* ausgestattet, sodass man erreichbar ist. Nach der Rückkehr könnte eine „Teilnahme am Programm X der Organisation Y“ inkl. Teilnahmezertifikat im Lebenslauf um einiges erfolgreicher und nutzbringender klingen als nur ein „Auslandsaufenthalt Neuseeland“. Zu viel sollte man von den Organisationen aber nicht erwarten. Auch wenn Jobs versprochen werden, muss man sich letztlich selbst kümmern und aktiv werden.

Kündigung oder Freistellung?

Mittlerweile hört man das Wort **Sabbatical** recht oft. Es bedeutet eine **Auszeit** vom Job – eine Pause einlegen, um zu reisen, sich weiterzubilden o. Ä. Das Wort Sabbatical ist an das hebräische „Sabbat“ angelehnt, das Ruhetag bedeutet und für den traditionellen jüdischen Feiertag steht.

In einigen Ländern, wie z. B. Dänemark, den Niederlanden oder Frankreich, haben die Bürger mittlerweile gesetzlichen Anspruch auf eine längere **Freistellung von der Arbeit.** In Deutschland gehen die Entscheidungsträger durch die Einführung von Zeitsparmodellen erste vorsichtige Schritte in diese Richtung. Allerdings gibt es, ebenso wie in Österreich und der Schweiz, noch keinen rechtlichen Anspruch auf ein Sabbatical.

Klare Regelungen existieren in Deutschland nur für **Beamte** (und gleichgestellte Angestellte). Als Beamter hat man in den meisten Bundesländern – nachzulesen in den jeweiligen Landes- bzw. Bundesbeamtengesetzen – ein Anrecht auf eine Auszeit und oft die Wahl zwischen verschiedenen Sabbatical-Modellen. Letztendlich entscheidet aber der Dienstherr über eine Befreiung vom Dienst. Hochschulprofessoren können gemäß den Arbeits- und Tarifbestimmungen der Bundesländer auch zur Durchführung von Forschungsvorhaben freigestellt werden.

Man sollte auf alle Fälle die aktuellen Entwicklungen der Sabbatical-Regelungen verfolgen und sich z. B. bei den im Exkurs genannten Adressen über Neuerungen informieren.

Etliche Firmen unterstützen schon jetzt ihre Mitarbeiter bei der Durchführung und Finanzierung eines längeren Auslandsaufenthaltes. Darum sollte man, bevor man von akutem Fernweh geplagt und vom Arbeitsalltag genervt gleich die Kündigung

Aktuelle Informationen zum Thema Sabbatical

- *Beim Flexi-Gesetz (ArbZAbsichG) und Arbeitszeitkonten geht es um sozialversicherungsrechtliche Fragen. Zuständig dafür:* ***Bundesministerium für Gesundheit und Soziale Sicherung.*** *www.bmgs.bund.de*
- *Die* ***Spitzenverbände der Sozialversicherung*** *erstellen Rundschreiben, die die sozialrechtliche Beurteilung flexibler Arbeitszeitmodelle beinhalten. Sie sind über den Verband Deutscher Rentenversicherungsträger (VDR) abrufbar. www.vdr.de (Link: Übersicht, gemeinsame Rundschreiben)*
- *Das* ***Bundesministerium für Wirtschaft und Arbeit*** *gibt Informationen rund ums Thema Teilzeit. www.bmwa.bund.de*

einreicht, erst mal das Gespräch mit dem Arbeitgeber suchen.

Seit das **Gesetz zur sozialrechtlichen Absicherung flexibler Arbeitszeitregelungen (Flexi-Gesetz)** 1998 in Deutschland in Kraft getreten ist, bieten sich Arbeitnehmern gute Möglichkeiten zu einer Auszeit. Man kann nicht in Anspruch genommene Urlaubstage, Überstunden oder Teile des laufenden Arbeitsentgeltes auf ein Langzeitkonto ansparen und die so angesparte Zeit später als Sabbatical geltend machen. Das Flexi-Gesetz regelt nun ausdrücklich, dass der Arbeitnehmer über die gesamte Zeit der Mobilzeitvereinbarung hinweg versicherungspflichtig ist und damit auch Versicherungsschutz genießt.

In **großen Firmen** ist eine solche Regelung – zur Mitarbeitermotivation, für das Firmenimage oder zum Ausgleich von Kon-

Voraussetzungen für Flexi-Gesetz

Durch das Gesetz besteht während der bezahlten Auszeit der Schutz der Renten-, Kranken-, Pflege- und Arbeitslosenversicherung. Allerdings gilt das nur unter bestimmten Voraussetzungen:

- ❑ *Die in der Freistellungsphase nicht erbrachte Arbeitsleistung muss in der vorhergehenden oder nachfolgenden Arbeitsphase erbracht werden.*
- ❑ *Die Vereinbarung muss schriftlich erfolgen.*
- ❑ *Das während der Freistellung fällige Arbeitsentgelt darf nicht unangemessen vom Arbeitsentgeld der letzten 12 Kalendermonate vor Beginn der Freistellung abweichen und muss 400 € übersteigen.*

Wichtige Fragen zum Sabbatical-Vertrag

- *Wird das Arbeitszeitkonto in Zeit oder Geld geführt?*
- *Was wird alles als Wertguthaben auf dem Langzeitkonto angerechnet?*
- *Wie verändert sich die Vergütung? Wie hoch ist sie während der Auszeit?*
- *Welche Regelungen greifen beim Krankheitsfall während der Auszeit?*
- *Ist das Guthaben auch bei z. B. Konkurs der Firma geschützt?*
- *Wie wird mit der eventuellen betrieblichen Altersversorgung verfahren?*
- *Wie erfolgt die Wiedereingliederung? Kann an dieselbe Stelle zurückgekehrt werden?*

junkturschwankungen – heutzutage schon üblich. Sind solche Regelungen noch nicht im Arbeitsvertrag festgehalten, sollte man das Nachfragen nicht scheuen. Allerdings beruhen die Auszeiten immer auf einer freiwilligen Vereinbarung zwischen Arbeitgeber und Arbeitnehmer.

Auf ein **Gespräch mit dem Vorgesetzten** sollte man sich gut vorbereiten. Nur wer genau weiß, was er will und warum er ein Sabbatical möchte, kann den Chef überzeugen. Idealerweise hat man Vorschläge parat, wer die eigene Arbeit während der Abwesenheit übernehmen kann. Wird eine Vereinbarung getroffen, ist ein **schriftlicher Vertrag** unverzichtbar. Besonders wenn die Firma noch keine Erfahrungen mit längerfristigen Arbeitszeitkonten hat, sollte man sich fundiert beraten lassen (Gewerkschaft, Betriebsrat, Anwalt für Arbeitsrecht etc.).

Die Möglichkeit zum **Ansparen von Wertguthaben** ist eine große Chance, aber auch ein Risiko. Wenn man Arbeitszeit anspart, anstatt sie sich in Geld auszahlen zu lassen, gibt man seiner Firma einen Kredit. Deshalb sollte man relativ sicher sein, dass man lange in der Firma bleibt und dass die Firma den Kredit zurückzahlen kann. Der gesetzlich vorgeschriebene **Insolvenzschutz** gilt bisher nur für größere Arbeitszeitguthaben.

Agentur für Arbeit (Arbeitsamt)

In jedem Fall ist eine **persönliche Beratung** bei der Agentur für Arbeit (früher: Arbeitsamt) schon vor der Kündigung angebracht, um die eigene Situation zu analysieren. Der zuständige Leistungsberater kann detaillierte Auskünfte zu Ansprüchen geben. Auf der Website www.arbeitsagentur.de kann man sich über die neuesten Änderungen informieren.

Auch wenn man seinen **Job kündigt,** hat man Anspruch auf Arbeitslosengeld, wenn man in den letzten drei Jahren vor der Arbeitslosmeldung und der eingetretenen Arbeitslosigkeit mindestens 12 Monate in einer versicherungspflichtigen Beschäftigung gestanden hat. Ab 1.2.2006 gilt der verkürzte Zeitraum von 24 Monaten, innerhalb derer man sozialversicherungspflichtig beschäftigt gewesen sein musste. Die Anspruchsdauer richtet sich nach der Anzahl der Monate des Versicherungspflichtverhältnisses in diesem Zeitraum. Wer selbst kündigt (Arbeitsaufgabe) oder wer einen Aufhebungsvertrag unterzeichnet, wird von der Agentur für Arbeit allerdings mit einer **Sperrzeit** bedacht. Sie beginnt mit dem Tag nach dem Ereignis, das die Sperrzeit begründet und bewirkt, dass das Arbeitslosengeld für 12 Wochen nicht gezahlt wird. Außerdem vermindert sich die Anspruchsdauer um die Tage der Sperrzeit.

Auskünfte zu Arbeits- und Beschäftigungsmöglichkeiten in Neuseeland
Zentralstelle für Arbeitsvermittlung (ZAV), Internationaler Arbeitsmarkt, Team 211, Villemombler Str. 76, 53123 Bonn, Tel. 0228 7131320, Bonn-ZAV.weltweit@arbeitsagentur.de

Eine „Mitnahme“ von erworbenen Ansprüchen ins Ausland oder auch die Gewährung von Leistungen zum Zwecke der Arbeitssuche im Ausland ist nur innerhalb der EU-Länder möglich.

Mittlerweile sind von Arbeitslosigkeit bedrohte Personen **verpflichtet,** sich unverzüglich nach Kenntnis des Beendigungszeitpunktes des Versicherungspflichtverhältnisses **persönlich** bei der Agentur für Arbeit arbeitslos zu melden. Versäumt man die rechtzeitige Meldung, mindert sich das Arbeitslosengeld.

Die Unterbrechung bzw. Beendigung des Arbeitslosen-Status, weil man bei einem Auslandsaufenthalt der Arbeitsvermittlung nicht zur Verfügung steht, muss konkret mit dem **Arbeitsvermittler** besprochen werden. Wird die Arbeitslosigkeit mehr als 6 Wochen unterbrochen, erfolgt die Weiterzahlung der Leistung erst nach erneuter persönlicher Arbeitslosmeldung.

Sollte nach Rückkehr aus dem Ausland die Rahmenfrist zur Beantragung von Arbeitslosengeld I abgelaufen sein, kann auf Antrag **Arbeitslosengeld II** gewährt werden. Dies setzt voraus, dass man erwerbsfähig und bedürftig ist.

010ns Abb.: aa

Vielleicht kann die ZAV einen Job in Neuseeland vermitteln?

Was wird aus den Versicherungen?

Kranken- und Pflegeversicherung

Angestellte mit **bezahltem Langzeiturlaub** bleiben durch das Flexi-Gesetz weiter krankenversichert. Beim Ausscheiden aus einem Beschäftigungsverhältnis oder bei Inanspruchnahme von unbezahltem Urlaub beendet die Firma automatisch die Zahlung der Kranken- und Pflegeversicherungsbeiträge an die Krankenkasse. Die Krankenkassen haben ab diesem Zeitpunkt noch eine Nachversicherungspflicht, die maximal einen Monat greift. Da die heimische Krankenkasse nicht für Arztkosten im außereuropäischen Ausland aufkommt, muss eine **Auslandsreise-Krankenversicherung** (s. S. 28) abgeschlossen werden.

Ein Fortbestehen der Krankenversicherung zu den regulären Konditionen ist für den Zeitraum des Auslandsaufenthaltes im Normalfall – schon aus Kostengründen – nicht nötig. Man sollte aber auf jeden Fall sicherstellen, dass man nach der Rückkehr aus Neuseeland – auch im Falle einer vorzeitigen Rückreise – automatisch wieder versichert ist. Die Auslandsreise-Krankenversicherung erlischt nämlich in der Regel mit Beendigung der Reise und man steht ansonsten ohne Versicherungsschutz da. Und wenn man krank aus dem Urlaub zurückkehrt und weder arbeiten noch sich arbeitslos melden kann, können daher Probleme mit dem Versicherungsschutz entstehen.

Es ist möglich, die Versicherung für den Zeitraum des Auslandsaufenthaltes ruhend zu stellen. Die meisten Krankenkassen bieten spezielle Tarife für diese so genannten **Anwartschaftsversicherungen,** die das Fortlaufen der Versicherung nach der Rückkehr garantieren.

Alle diese Fragen sollte man mit der eigenen Krankenkasse vor der Abreise klären und auch, dass bereits für den Tag der Rückkehr eine Mitgliedsbescheinigung der Krankenkasse vorliegt, falls man keine Anwartschaftsversicherung abschließt. Eine preiswerte Lösung ist wichtig, genauso aber auch der ununterbrochene Versicherungsschutz.

Wenn man Anspruch auf Arbeitslosengeld hat, übernimmt die **Agentur für Arbeit** die Kosten für die Krankenversicherung. Geht man sofort wieder ein Beschäftigungsverhältnis ein, werden die Beitragszahlungen von der Firma abgeführt. Klappt beides nicht, muss man sich bis auf weiteres freiwillig selbst versichern.

Privat Versicherte müssen selbst kündigen oder eine Anwartschaftsversicherung abschließen, mit der der Wiedereinstieg zu den gleichen Konditionen verbindlich zugesichert wird. Ansonsten wird man bei einem Neuabschluss nach der Rückkehr entsprechend dem Eintrittsalter höher eingestuft.

Auch in Bezug auf die **Pflegeversicherung** ist eine Weiterversicherung oder Anwartschaft in Betracht zu ziehen. Werden die Beitragszahlungen und damit der Pflegeversicherungsschutz unterbrochen, tritt ab erneutem Beginn der Pflegeversicherung eine Wartezeit von 5 Jahren ein, bevor Leistungen in Anspruch genommen werden können.

Auslandsreise-Krankenversicherung

Der Abschluss einer Auslandsreise-Krankenversicherung für den Zeitraum des Neuseelandaufenthaltes ist sehr wichtig. Bei der Auswahl der besten Versicherung bleibt einem nichts anderes übrig, als die Angebote der einzelnen Versicherer im Hinblick auf die eigenen Ansprüche zu vergleichen. Nicht immer ist die billigste Versicherung die richtige Wahl. Viele Versicherungsgesellschaften bieten

Rundum-Pakete an, die neben der Krankenversicherung noch Unfall, Haftpflicht, Reisegepäck, Rechtsschutz u. Ä. versichern. Es ist zu überlegen, welche Risiken bereits abgedeckt sind und welche für den Neuseelandaufenthalt zusätzlich abgesichert werden sollen. Zum Beispiel kann die Ausübung von Extremsportarten bei einigen Versicherern gegen Aufpreis mit eingeschlossen werden.

Vorsicht, Kleingedrucktes!

Unbedingt vor Vertragsabschluss die Versicherungsbedingungen genau studieren. Die üblichen Jahrespolicen, die recht preiswert zum Beispiel im Reisebüro angeboten werden, gelten nur für Auslandsaufenthalte bis maximal sechs Wochen und bieten daher keinen ausreichenden Versicherungsschutz.

Informationen zu Krankenversicherungen

Allgemeine Hinweise und eine Liste der Anbieter von langfristigen Auslandsreise-Krankenversicherungen gibt es beim

- ***Verband der Privaten Krankenversicherung*** *(PKV), Postfach 511040, 50946 Köln, Tel. 0221 376620, Fax 3766210, info@pkv.de, www.pkv.de.*

Es gibt noch weitere Versicherungen und Versicherungsmakler, die sich mit ihren Angeboten auf Reisende spezialisiert haben, aber nicht zum PKV gehören. Sie sind besonders für Leute interessant, die in Neuseeland arbeiten wollen, denn dieses Risiko kann nicht bei jedem Anbieter versichert werden.

- ***Deutsche Krankenversicherung,*** *www.dkv.com*
- ***STEP IN Versicherung,*** *www.step-in.de*
- ***Site OHG*** *(Service for International Travel and Education), www.site-insurance.de*
- ***Dr. Walter GmbH,*** *www.reiseversicherung.com*
- ***Uni-Care Educational Travel Insurance Service,*** *www.uni-care.org (Sitz in Neuseeland)*

Gerade in Internetforen rund ums Thema Neuseeland kann man sich Tipps zum Thema Krankenversicherung holen. Viele Reisende haben bereits Erfahrungen - gute und schlechte - gemacht und geben diese gern weiter.

Rentenversicherung

Zum Thema Rentenversicherung herrscht, politisch gesehen, ein ziemliches Drunter und Drüber. Fest steht, dass man grundsätzlich mit einer **privaten Altersabsicherung** am besten beraten ist. Während des Auslandsaufenthaltes weiterhin freiwillige Beiträge in die gesetzliche Rentenversicherung einzuzahlen, lohnt sich nicht. Man kann natürlich nochmal das Gespräch mit dem entsprechenden Rentenversicherungsträger suchen. Informationen und Beratung gibt es in den bundesweit vertretenen Auskunftsstellen.

Versicherungsträger für die Arbeiterrentenversicherung sind die Landesversicherungsanstalten (LVA) und Sonderanstalten, z. B. die Seekasse. Die Bundesversicherungsanstalt für Angestellte (BfA) ist der Träger für Angestellte. Träger der Knappschaftsrentenversicherung ist die Bundesknappschaft. Außerdem existieren für bestimmte Berufsgruppen, so genannte freie Berufe wie Ärzte oder Architekten, selbstständige Versorgungswerke.

Lebensversicherung

Mit einer Lebensversicherung hat man etwas für seine Altersvorsorge getan – aber auch hohe laufende Kosten. Eine Kündigung der Lebensversicherung, nur um in der Reisezeit die Versicherungsbeiträge zu sparen, ist jedoch nicht ratsam. In der Regel verbleiben die eingezahlten Beiträge in den ersten Jahren nämlich beim Versicherer. Die **Versicherungsbedingungen** geben genaue Auskunft über den Verbleib des eingezahlten Kapitals und den eventuellen Rückkaufwert. Meist kann man mit dem Versicherer eine Stundung der Beiträge oder ein Ruhenlassen des Vertrags vereinbaren, wenn man sich die vollen Beiträge für eine Weile nicht

012ns Abb.: jk

◀ *Vor allem wenn man vorhat, Extremsportarten wie Bungeejumping auszuüben, sollte man sich gut versichern*

leisten kann oder will. Es besteht dann immer noch eine Versicherung des Todesfallrisikos. Allerdings kann bei geringeren Beitragszahlungen kaum Kapital angespart werden, was sich bei der späteren Auszahlungssumme erheblich bemerkbar macht. Deshalb sollte man sich von der Versicherung genau ausrechnen lassen, wie sich eine Änderung der Beitragszahlung auf die spätere Gesamtsumme auswirken würde. Sonst kann es schnell passieren, dass man am falschen Ende spart.

Unfallversicherung

Grundsätzlich ist man mit dem Abschluss einer Unfallversicherung gut beraten. Wer sich für den Auslandsaufenthalt zu einem Rundum-Versicherungspaket entschließt, wird in der Regel auch gegen das **Unfallrisiko** versichert sein. Hat man bereits eine Unfallversicherung, die üblicherweise weltweit gilt und tariflich in der Regel günstiger ist als ein spezielles Angebot für den Auslandsaufenthalt, ist ein weiterer Abschluss überflüssig. Auch hier muss man sich genau informieren, welche Risiken versichert sind. Einige Versicherer bieten z.B. bei der Ausübung von bestimmten Sportarten oder Ballonfahrten **keine Deckung.**

Haftpflichtversicherung

Bezüglich seiner Haftpflichtversicherung muss man sich erkundigen, ob sie **weltweiten Versicherungsschutz** beinhaltet. Da dies in den meisten Fällen zutrifft, braucht man keine zusätzliche Versicherung. Bei einem Rundum-Versicherungspaket entsteht eventuell eine Doppelversicherung.

Hausratversicherung

In dieser Frage sollte man sich mit der Versicherung in Verbindung setzen, wenn die Wohnung zum Beispiel untervermietet wird und dadurch Änderungen in der Versicherungspolice anfallen. Bei **Wohnungsauflösung** kann die Versicherung gekündigt werden.

Reisegepäckversicherung

Hat man sich für ein Rundum-Paket eines Versicherers entschieden, ist die Reisegepäckversicherung oft mit eingeschlossen. Wer seine Hausratversicherung behält, hat möglicherweise im Rahmen des **Außenversicherungsschutzes** eine weltweite Deckung und kann somit Ansprüche geltend machen. Die Versicherungsbedingungen müssen sehr genau gelesen werden. Auch bei einer speziellen Reisegepäckversicherung ist nicht jedes Risiko abgedeckt. Teure technische Ausrüstungsgegenstände wie Foto- oder Videokamera sind nicht automatisch eingeschlossen und müssen extra versichert werden. Nicht alle Schadensfälle sind durch die Versicherungsbedingungen gedeckt. Leicht kann die Leistung durch den Vorwurf der Fahrlässigkeit abgelehnt werden. Außerdem liegt der Versicherungszeitraum in der Regel weit unter einem Jahr. Daher genau nachfragen und eventuell Sonderkonditionen aushandeln.

Wie viel Geld brauche ich ungefähr?

Für die Beantragung des Visums bzw. die Einreise nach Neuseeland muss man genügend **finanzielle Mittel** vorweisen können, mindestens 4200 $. Hinzu kommen Kosten für ein Flugticket, Versicherungen und eventuelle Ausgaben für Reiseausrüstung oder sonstige Reisevorbereitungen. Des Weiteren sollte man im Hinterkopf behalten, dass man nicht immer sofort einen Job in Neuseeland findet oder vielleicht in den ersten Tagen zunächst einmal Urlaub machen möchte. Daher ist es ratsam, ein bisschen **Taschengeld** für diese Zeit einzuplanen. In der Regel sollten allerdings die oben erwähnten 4200 $ für den Anfang ausreichend sein.

Geldkalkulation
Wenn man am Anfang 4200 $ (die man beim Beantragen des Visums vorweisen muss) zur Verfügung hat und ein ganzes Jahr bleiben will, wird man ungefähr ein halbes Jahr davon arbeiten müssen.

Da jeder Reisende andere **Ansprüche** und Vorstellungen hat, ist es schwer, pauschal eine Summe zu nennen, die man monatlich benötigt. Man kann sagen, dass man mit einer Kalkulation von 30 $ pro

Tag für Unterkunft und Verpflegung nichts falsch machen kann. Hinzu kommen noch Kosten für Kleinigkeiten wie Internet, Briefmarken, Zeitungen usw. Daher kann man sagen, dass etwa 1000–1200 $ pro Monat eine realistische Summe ist, die allerdings bei Tourbuchungen oder anderen Aktivitäten entsprechend höher werden kann.

Preisniveau

Allgemein kann man sagen, dass das Preisniveau **in den größeren Städten** wesentlich niedriger ist als in einigen kleineren Geschäften **auf dem Lande.** Auch das Benzin ist in den Städten billiger. Wenn man aber bedenkt, dass die Entfernungen in Neuseeland nicht so groß sind, kann man sich in den größeren Supermärkten immer für eine Weile eindecken und sollte in der Regel rechtzeitig, bevor alle Vorräte verbraucht sind, wieder einem größeren Ort über den Weg laufen, somit können die kleineren und teureren Geschäfte gemieden werden.

▼ In der Hauptstadt Wellington kann man gut und auch preiswert shoppen

0222ns Abb.: jk

Wieder daheim

Selbst wenn man noch nicht einmal abgeflogen ist, sollte man sich schon im Vorfeld ein paar Gedanken darüber machen, was einen nach der Rückkehr daheim erwartet.

Pflichten zu Hause

Auch wenn es schwer fällt: Gleich nach der ***Rückkehr*** *sollte man sich bei der Agentur für Arbeit, der Krankenkasse und allen anderen wichtigen Institutionen vorstellen, damit man wieder in das* ***soziale Netz*** *zu Hause eingegliedert wird. Wer in Neuseeland noch nicht damit angefangen hat, muss sich jetzt durch diverse Jobdatenbanken kämpfen oder Anträge auf einen Studienplatz ausfüllen, Bewerbungsunterlagen aktualisieren und sich auf* ***Bewerbungsgespräche*** *vorbereiten. Nach einem Auslandsaufenthalt kann schon mal die Frage fallen, ob man sich (noch) in der Lage fühlt, Vollzeit zu arbeiten. Auf solche Fangfragen sollte man gut vorbereitet sein: Sprachkenntnisse, Auslands- und Lebenserfahrung, Motivation, neue Ideen und Menschenkenntnis sind nur einige* ***Pluspunkte,*** *auf die man in einem Vorstellungsgespräch hinweisen kann.*

Positive Gedanken

Sicherlich wird man zum Ende der Reise etwas wehmütig werden. Vor allem sollte man aber dankbar sein, dass man den Traum von Neuseeland verwirklichen konnte. Auch wenn der Abschied nicht leicht ist und man sich die ersten Tage zu Hause vielleicht nicht richtig zurechtfindet, so können doch all die gemachten Erfahrungen und Erlebnisse, die entstandenen Freundschaften und die gewonnene Motivation ein Ausgangspunkt für einen ***positiven Neustart*** *sein. Auf zu neuen Abenteuern und Aufgaben – es bleibt spannend!*

Reisevorbereitung

002ns Abb.: av

GLENORCHY 8 km

Gesundheits-Check

Besondere **medizinische Vorkehrungen** müssen für Neuseeland nicht getroffen werden, da die Voraussetzungen in Bezug auf Hygiene und Sauberkeit unseren Standards entsprechen. In der Regel sind keine speziellen Impfungen notwendig. Wer die Reise allerdings mit einem Aufenthalt in Asien verbindet bzw. ganz auf Nummer sicher gehen will, kann eine (leider nicht billige) Hepatitisimpfung in Betracht ziehen. Auskunft hierzu – und den internationalen Impfausweis – gibt es sowohl beim Hausarzt als auch bei einem Tropeninstitut.

Informationen aus dem Internet

- *Centrum für Reisemedizin: www.crm.de*
- *Info-Service des Tropeninstitutes München: www.fitfortravel.de*

Wer regelmäßig **Medikamente** einnimmt, sollte sich mit einem ausreichenden Vorrat eindecken, damit in Neuseeland nicht auf andere Präparate umgestiegen werden muss oder es Probleme mit Rezepten gibt.

Eine kleine **Reiseapotheke** mit den üblichen Medikamenten, zum Beispiel gegen Durchfall, Schmer-

Literaturtipp

„Selbstdiagnose und Behandlung unterwegs" von Dr. Dürfeld und Prof. Dr. Rickels, Reise Know-How Verlag, Bielefeld. Krankheiten und Verletzungen erkennen und behandeln, wann man unbedingt zum Arzt muss etc.

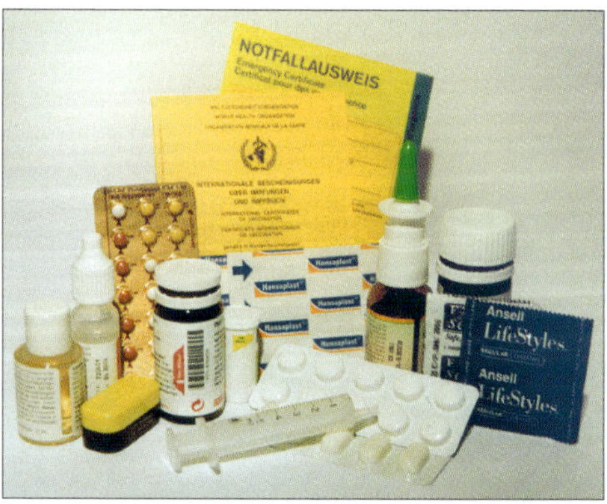

016ns Abb.: ab

zen etc., Jodtinktur zum Desinfizieren von Wunden, Pflastern usw., ist immer hilfreich.

Man kann sich aber auch in Neuseeland mit den üblichen Medikamenten eindecken. In den Drogerien gibt es z. B. **Apothekenabteilungen** *(chemist)*, Kopfschmerztabletten u. Ä. kann man sogar in Supermärkten kaufen.

Übrigens: Wenn man seinem **Hausarzt** begeistert von den Reiseplänen erzählt, bekommt man vielleicht sogar das eine oder andere kostenlose Probenpaket mit auf den Weg. Wer noch keinen hat, lässt sich vom Hausarzt einen **Nothilfepass** ausstellen und dabei gleich noch mal komplett durchchecken. Auch dem **Zahnarzt** sollte man noch einen Besuch abstatten.

Pillenmathematik für Frauen

Eine kleine Rechenhilfe für alle weiblichen Reisenden, die ein ganzes Jahr wegfahren wollen und die Pille auch unterwegs nehmen möchten. 12 Monate/Packungen mal 4 Wochen ergibt 48 Wochen. Da das Jahr aber 52 Wochen hat, besser noch eine extra Packung mitnehmen.

Ab- und Ummeldungen

Mit der Vorbereitung des Neuseelandaufenthaltes sollte so zeitig wie möglich begonnen werden. Wer ein halbes Jahr Vorlauf hat, wird am Ende keine Zeitprobleme bekommen. Am besten alles aufschreiben, damit man nichts vergisst und in Bezug auf die **Zeitplanung** nicht den Überblick verliert. Im Folgenden einige Themen, die als Gedankenstütze dienen sollen:

Abonnements

Alle Abonnements sollten natürlich gekündigt werden, um unnötige Mehrausgaben zu vermeiden. Abonnements können nicht nur Zeitungen und Zeitschriften, sondern auch Mitgliedschaften wie

◀ *Nie verkehrt: die kleine Reiseapotheke*

zum Beispiel im Fitness-Studio sein. Ein Blick auf die Kontoauszüge hilft, die zusätzlichen Kostenquellen zu überschauen. Die Vertragsunterlagen geben Auskunft über die **Kündigungsfristen,** die oft drei Monate betragen und daher schnelles Handeln erfordern. Zum Teil sind Vertragsunterbrechungen für den Zeitraum des Auslandsaufenthaltes möglich. Sollte es Probleme geben, kann man sich an eine Verbraucherzentrale wenden. Die helfen bei der korrekten Formulierung der Kündigung und kennen das eine oder andere Vertragsschlupfloch.

- *www.verbraucherzentrale.de*

GEZ

Der Gebühreneinzugszentrale sollte der Auslandsaufenthalt mitgeteilt werden, da dann die Beitragszahlung für Rundfunk- und Fernsehgebühren unterbrochen werden kann. Ein standardisiertes **Abmeldeformular gibt es** auf der Website der GEZ zum Ausfüllen und Ausdrucken. Eine formlose schriftliche Nachricht, dass man sich im Ausland befindet, tut es aber auch.

- *www.gez.de*

Telefon

Wenn man die eigene Bleibe aufgibt, muss der Telefonanschluss abgemeldet werden. Eine Abmeldung kommt aber auch in Frage, wenn das Telefon monatelang nicht genutzt wird und die Grundgebühr gespart werden soll. Die Abmeldung bei der Telekom ist kostenlos. Aktiviert man den alten Anschluss nach der Rückkehr wieder, zahlt man etwa 30 €. Einen Anspruch auf die alte Nummer gibt es aber nicht. Bei einer Neuanmeldung eines Anschlusses sind ca. 60 € zu zahlen. Wer seine Wohnung untervermietet, erspart sich praktischerweise das teure Ummelden auf den Untermieter und lässt ihn die fortlaufenden Rechnungen zahlen.

Läuft der Telefonanschluss über einen privaten Telekommunikationsanbieter, sollte man sich dort genau über die An- und Abmeldemodalitäten informieren.

Sein **Handy** kann man auch in Neuseeland nutzen (s. S. 78) und daher ruhig mitnehmen. Da es aber sehr teuer ist, in Neuseeland Telefonate über den heimischen Anbieter zu führen, sollte man sich zumindest nicht kurz vor der Reise noch einen neuen Handy-Vertrag zulegen. Eine Unterbrechung oder Beendigung des Vertrages aufgrund des Auslandsaufenthaltes ist meist nicht möglich. Eventuell kann man den Vertrag für diesen Zeitraum auf eine andere Person zu Hause übertragen. Bei Prepaid-Karten ist zu beachten, dass das Guthaben nach einer bestimmten Zeit verfällt.

- *Weitere Informationen der Telekom unter der Telefonnummer 0800 3301000 und über die Website www.telekom.de*

Post

Auch eine **Umleitung der Post** an eine Kontaktperson (s. S. 45) sollte veranlasst werden. Die Post lässt sich diesen Nachsendeservice für Privatkunden mit etwa 14,80 € für 6 Monate und 24,80 € für 12 Monate vergüten. Es wird ebenso ein **Lagerservice,** das heißt das Aufbewahren bei der Post, angeboten.

Sicherheitshalber sollte man Freunden und wichtigen Institutionen die Adresse der **Kontaktperson** mitteilen.

- *Weitere Hinweise zum Nachsendeservice der Post gibt es unter www.efiliale.de/nachsendeservice. Dort kann man Nachsendeaufträge gleich online ausfüllen und außerdem Umzugstipps über den Umzugsratgeber aufrufen. Den telefonischen Kundenservice der Deutschen Post erreicht man unter 01802 3333.*

- *Praktische Hilfe beim Ummelden gibt es im Internet unter www.ummelden.de.*

Bank

Dank Internet ist es heutzutage kein Problem, seine Bankangelegenheiten aus der Ferne zu regeln. **Online-Banking** kann man ohne weiteres mit der Bank vereinbaren. Durch die Verwendung von so genannten PIN/TAN wird eine hohe Sicherheit der Transaktionen gewährleistet. Einige Geldinstitute sind sogar auf Online-Banking spezialisiert, bieten Girokonten mit geringer Grundgebühr und trotzdem allen Service der örtlichen Banken inklusive Kreditkarten. Natürlich sollte man in Internetcafés immer vorsichtig mit persönlichen Daten umgehen.

Eine weitere Möglichkeit ist, eine **Vertrauensperson** zu Hause mit einer Vollmacht für das Bankkonto auszustatten. Durch den Kontenzugang kann diese Person wichtige und unvorhergesehene Bankgeschäfte regeln. Werden der Kontaktperson auch die Kontoauszüge zugeschickt (die Häufigkeit kann man individuell mit der Bank vereinbaren), hat sie die ganze Finanzlage im Auge.

Auto, Motorrad

Man kann sich natürlich von seinem fahrbaren Untersatz trennen und damit die Reisekasse aufbessern. Wird allerdings nach dem Auslandsaufenthalt wieder ein Fahrzeug benötigt, zahlt man für ein vergleichbares meist drauf. Eine Lösung wäre eine Ruheversicherung: Die **Beitragszahlung** wird eingestellt, der Vertrag verlängert sich um die Zeit der Abwesenheit und wenn man gewisse Auflagen erfüllt, werden trotzdem weiterhin Haftpflicht- und einige Teilkaskoschäden gedeckt.

Man kann das Fahrzeug für die Zeit der Abwesenheit auch einer **Vertrauensperson** überlassen. Dazu muss die Versicherungslage wegen möglicher Unfälle und Schäden aber genau geklärt werden.

Wohnung

Wer seine Wohnung während des Auslandsaufenthaltes behält, erspart sich den Stress der Suche nach Unterstellmöglichkeiten für seine Möbel und Habseligkeiten und die Wohnungssuche bei der Rückkehr (inkl. Schlaflagersuche für die ersten Nächte). Allerdings ist das **Weiterzahlen** der Miete die teuerste Lösung. Wer nun kündigt, spart zwar die Miete, muss aber wiederum die oben genannten Unannehmlichkeiten in Kauf nehmen und den Auszug mit all den Wegen und Formularen und langwierigen Auf- und Ausräumaktionen im Zeitplan mit eintakten.

Günstiger ist da die **Untervermietung** der Wohnung. Wer Glück hat, findet jemanden im Freundeskreis, der gerade jetzt eine Bleibe sucht und dem man seine eigene guten Gewissens anbieten kann. Man kann es auch über das Internet probieren oder an den schwarzen Brettern der Unis fündig werden. In jeder größeren Stadt gibt es außerdem **Mitwohnzentralen,** die Untermieter vermitteln.

Kündigung des Mietvertrages

Vor der Entscheidung unbedingt den Mietvertrag genau anschauen - die Kündigungsfrist (in der Regel drei Monate) muss beachtet werden und teilweise ist man auch verpflichtet, die Wohnung vor dem Auszug zu renovieren.

Wichtig ist, dass zum Untervermieten das Einverständnis des Vermieters vorliegt. Alles schriftlich festhalten - natürlich auch den Untermietvertrag mit dem neuen Bewohner. Dem Vermieter sollte man seine E-Mail-Adresse oder die Anschrift einer Kontaktperson hinterlassen, denn man muss schriftlich erreichbar sein. (Wer seine **Eigentumswohnung** vermieten will, muss einen Mietvertrag mit zeitlicher Begrenzung vereinbaren.)

- *Mitwohnzentrale, www.mitwohnzentrale.de, Telefon: (jeweilige Ortsvorwahl) 19430, E-Mail: (jeweilige Stadt)@mitwohnzentrale.de*

Hab und Gut

Die Reisevorbereitung für die Neuseelandreise bietet die günstige Gelegenheit, sein Leben bzw. seine Sachen ein bisschen zu entrümpeln. Einiges kann man sogar noch zu Geld machen, wenn man es in **Second-Hand-Läden** bringt oder auf dem Flohmarkt anbietet. Ein schönes Gefühl hinterlässt es, wenn man einige Sachen einfach verschenkt bzw. spendet. Für alles, das man aufbewahren will, findet man möglichst einen trockenen Dachboden. Man kann Möbel aber auch bei Speditionen einlagern.

Spenden

Mittlerweile gibt es in vielen größeren Städten Oxfam Shops. In den Geschäften der internationalen Hilfsorganisation kann man Überflüssiges spenden. Vom Verkaufserlös werden Hilfsprojekte finanziert. www.oxfam.de

Absicherung

Damit man mit ruhigem Gewissen losfahren kann und immer gut informiert bleibt, sollten einige **Vorkehrungen** getroffen werden.

Auswärtiges Amt

Beim Auswärtigen Amt erhält man Sicherheitshinweise zum Reiseland, kann sich über die Einreisebestimmungen informieren, Informationen des Gesundheitsdienstes nachlesen und die neuesten Meldungen abrufen.

Informationen der Regierungen
- *Auswärtiges Amt in Deutschland: www.auswaertiges-amt.de*
- *Außenministerium in Österreich: www.bmaa.gv.at (Bürgerservice)*
- *Eidgenössisches Departement für auswärtige Angelegenheiten in der Schweiz: www.eda.admin.ch*

Kontaktperson

Sehr wichtig ist eine Kontaktperson, die einen in Neuseeland über alle wichtigen Neuigkeiten informiert, Briefe weiterleitet und einen Internetanschluss besitzt. Die Kontaktperson sollte der Post als Nachsendeadresse dienen. Gut ist, dieser Person **Vollmachten** zu schreiben. Das kann man blanko vorbereiten und schon unterschreiben. Außerdem sollte die Kontaktperson Zugriff auf persönliche Dokumente wie Versicherungsverträge, Bankunterlagen, Kopien der Reisedokumente und die Dokumentenliste haben.

Wer niemanden kennt, der diese Aufgaben als Kontaktperson übernehmen könnte bzw. niemanden damit belasten will, kann sich professioneller Hilfe in Form eines **Reiseservices** bedienen.

Professioneller Reiseservice
- *Infos zum Beispiel unter www.ausstieg-auf-zeit-service.de*

Hier werden individuelle Pakete für Reisende angeboten und wer entsprechend zahlt, dem wird sogar eingescannte Post zugemailt oder ein Rückkehrservice inklusive Wohnungsreinigung und Kühlschrankfüllung angeboten.

Flugbuchung

Wer auf eigene Faust reist und daher den Flug selbst organisiert, kann bei der Buchung das eine oder andere **Schnäppchen** machen. (Tipp: Das Beantragen des Vielfliegerbonus bei der Fluggesellschaft nicht

Bevor man sich in den Flieger setzen kann, heißt es Angebote vergleichen

013ns Abb.: jk

vergessen!) Gerade Studenten oder junge Leute bis 27 haben gute Chancen auf Sonderpreise. Oft werden „Around-the-world-Tickets" vertrieben, die sich großer Beliebtheit erfreuen. Viele Reisende verbinden ihren Neuseelandaufenthalt mit Zwischenstopps in Asien, Australien oder Amerika. Ein oder zwei Stopover, z. B. in Singapur, Bangkok, Dubai oder Hongkong sind meist kostenlos im Ticket nach Neuseeland enthalten.

Günstige Reiseangebote
www.statravel.de
www.billiger-reisen.de
www.traveloverland.de

Eventuell kann man im Flugticket gleich noch **Inlandsflüge** kostengünstig mit einschließen.

Inwieweit später noch Änderungen an Reiseroute und Abflugdaten möglich sind, sollte man genau erfragen. Gilt doch die wichtige **Reiseregel:** Es kommt immer ganz anders, als man denkt und plant. Wer mit einer Organisation fliegt, ist meist unflexibel, was Änderungen angeht.

Gepäcklimit

In der Regel liegt das **Gepäcklimit** der Fluggesellschaften bei 20 kg. Wer schon ein Jobangebot hat oder in Neuseeland studiert, kann bei einigen Fluggesellschaften (z.B. Singapore Airlines) durch entsprechende Schreiben der Firma oder Uni 10 kg Extra-Gepäck bei der Fluggesellschaft beantragen. Allerdings muss man das Gepäck ja auch schleppen – daher sollte man sich auf die höchstens 20 kg beschränken. Falls es doch ein bisschen mehr sein muss, die schweren Sachen (z.B. Bücher) ins Handgepäck packen. Wenn das Limit für das große Gepäck nicht überschritten wird, muss das Handgepäck meist nicht auf die Waage.

Literaturtipp

„Clever buchen, besser fliegen" von Erich Witschi, Reise Know-How Verlag, Bielefeld. Wie man für weniger Geld „mehr Flug" bekommt, Alles über das Fluggepäck, Richtig Reklamieren, Stopover – übernachten in DeLuxe-Hotels zum Minipreis etc.

Ausweise, Dokumente und Geld

Internationale Ausweise und Papiere

Mit einem gültigen deutschen oder **EU-Führerschein** darf man bis zu 12 Monate in Neuseeland Auto fahren. Bei einem Aufenthalt von mehr als 12 Monaten muss man einen neuseeländischen Führerschein beantragen. Man sollte sich eine Übersetzung seines Führerscheins ins Englische oder gleich einen internationalen Führerschein besorgen. Besonders den Inhabern der alten grauen Führerscheine wird empfohlen, einen EU-Führerschein bzw. internationalen Führerschein zu beantragen. Er wird vom Ordnungsamt ausgestellt. Für die Beantragung des internationalen Führerscheins (zuerst muss der neue EU-Führerschein im Scheckkartenformat beantragt werden) benötigt man neben dem alten Führerschein den Personalausweis oder Reisepass und ein Passbild. Wartezeit bis zu 4 Wochen. Wer bereits den neuen EU-Führerschein besitzt, bekommt den internationalen Führerschein sofort ausgestellt.

Außerdem ist ein **internationaler Impfausweis,** den der Hausarzt gegen eine geringe Gebühr ausstellt, ratsam.

Wichtige Kopien hinterlegen! *Von wichtigen Dokumenten – also Reisepass, Flugticket, Führerschein, Impfpass, Nothilfepass, Versicherungspolicen usw. – sollten Kopien gemacht werden. Ein Satz Kopien geht mit auf Reisen – separat von den Originalen aufbewahrt. Ein zweiter Satz bleibt bei der Kontaktperson. Es ist auch empfehlenswert, einen Scan dieser Seiten in seinem E-Mail-Postfach zu hinterlegen: Man schickt die Daten als E-Mail-Anhang an seine eigene Adresse und kann von unterwegs darauf zugreifen* *(s. a. S. 76).*

Einen **internationalen Jugendherbergsausweis** (Hostelling International Card) beantragt man am besten gleich noch vor der Abreise bei einer der folgenden Institutionen:

- ***Deutsches Jugendherbergswerk*** *(DJH) www.jugendherberge.de*
- ***Österreichischer Jugendherbergsverband*** *(ÖJHV) www.oejhv.or.at*
- ***Österreichisches Jugendherbergswerk*** *(ÖJHW) www.oejhw.at*
- ***Schweizer Jugendherbergen*** *(SJH) www.youthhostel.ch*

Kreditkarte

Wer noch keine hat, sollte sich unbedingt eine Kreditkarte besorgen. Sie macht das Reisen einfacher,

Dokumentenliste

Ebenfalls in mehrfacher Ausführung sollte man eine Dokumentenliste mit wichtigen Daten erstellen, wie z. B.:

- ❑ *Ausweisnummern*
- ❑ *Bankverbindungen*
- ❑ *Geldkartennummern (Geheimzahlen höchstens verschlüsselt, z. B. in einer Telefonnummer, aufschreiben. Benutzt man die Karte der heimischen Bank lange nicht, kann diese Gedankenstütze sehr hilfreich sein.)*
- ❑ *Nummern der Travellerschecks*
- ❑ *Versicherungspolicennummern*
- ❑ *Karten- und Kundenkontonummer des Handys*
- ❑ *Telefonnummern für Notfälle, Verluste und usw.*

wenn man z. B. einen Flug über das Internet buchen will oder ein Auto mieten möchte. Selbst beim Reservieren von Unterkünften wird manchmal als **Sicherheit** eine Kreditkartennummer verlangt.

Die in Neuseeland gebräuchlichste Kreditkarte ist Visa Card – aber auch mit der Mastercard kommt man gut zurecht. Eine von beiden Karten sollte man dabeihaben. American Express oder Diners Club werden seltener akzeptiert.

Notfallnummern bei Kartenverlust

- **EC-Karte:** *0180 5021021*
- ***Visa Card:*** *0800 8149100, 001 4105813836 (gratis R-Gespräch aus dem Ausland) 0800 443019 (in Neuseeland)*
- ***Mastercard:*** *069 79331910, 0800 449140 (in Neuseeland)*

Seit Juli 2005 gilt in in Deutschland außerdem die einheitliche Notrufnummer 116116 zum Sperren von Karten.

EC-Karte

Die Bargeldabhebung vom deutschen Konto per EC-Karte ist an den Bankautomaten kein Problem. Allerdings sind pro Abhebung **Gebühren** fällig.

Bargeld

Etwas neuseeländisches Bargeld sollte man mitbringen, damit man die erste Fahrkarte, das erste Sandwich, die erste Übernachtung schon vor der Suche nach einem **Bankautomaten** bezahlen kann.

Deutsche Bank – Westpac

Praktisch ist ein Konto bei der Deutschen Bank, die zusammen mit Westpac und anderen großen Finanzinstituten in einer globalen Geldautomaten-Allianz ist. Somit ist es möglich, mit einer EC-Karte der Deutschen Bank gebührenfrei in Neuseeland an einem Westpac-EC-Automaten Geld abzuheben.

Reiseschecks

Die Travellerschecks, z. B. von American Express oder Thomas Cook, bieten sich zur **finanziellen Absicherung** der ersten Wochen an. Im Gegensatz zum Bargeld sind sie versichert und man bekommt sie in der Regel innerhalb von 24 Stunden ersetzt. Eine Ausstellung in neuseeländischen Dollar ist zweckmäßig. Kleinere Stückelungen sorgen dafür, dass man nie viel Bares mit sich führen braucht.

Reisegepäck

Gleich als Erstes: Wenn man trotz gründlicher Planung und Packliste doch etwas vergessen hat, ist es nicht weiter schlimm. Man kann in Neuseeland (fast) alles kaufen - manchmal sogar günstiger als zu Hause. Solange man die **Kreditkarte** eingesteckt hat, ist man auf der sicheren Seite.

Man braucht für mehrere Monate oder ein Jahr nicht mehr Sachen als für einen ganz normalen **dreiwöchigen Urlaub.** Außerdem sollte man immer im Hinterkopf haben, dass man das Gepäck manchmal auch tragen muss. (Um das Wäschewaschen kommt man sowieso nicht herum.) Schwer ist vor allem „Papier", also Bücher, Prospekte usw. Deshalb sollte man auch nicht zu viel Lektüre mitnehmen. Eine gute Möglichkeit, günstig an neue Lektüre heranzukommen, sind die so genannten *book exchanges,* die es in vielen Städten und Hostels gibt. Dort kann man kostenlos oder gegen geringe Gebühr sein ausgelesenes Buch gegen das durchschmökerte Exemplar eines anderen eintauschen. Und wem die Lektüre in Englisch am Anfang noch zu schwierig ist - ein deutschsprachiger Titel findet sich meist auch.

Kleidung und Schuhe

Kleidung ist in Neuseeland nicht teurer als bei uns. Vor allem bei Badekleidung, Shorts und T-Shirts kann man beim Einkaufen sogar Geld sparen. Daher sollte man nicht zu viel davon einpacken. Irgendwann kann man die eigenen Klamotten sowieso nicht mehr sehen und wird sich das eine oder andere Teil kaufen wollen. Bei der Auswahl der Kleidung sollte man darauf achten, dass die Teile nicht viel wiegen. Also höchstens eine Jeanshose mitnehmen und keine dicken Wollpullover. Die Sachen sollten alle gut **kombinierbar** und bügelfrei sein und sich auf maximal zwei Waschmaschinenladungen (hell und dunkel) verteilen lassen. Was man in Neuseeland auf jeden Fall braucht:

- Einen **Fleece-Pullover.** In Neuseeland kann es richtig kalt werden.
- Da es manchmal heftig regnet, gehört ins Reisegepäck ein **Regencape** oder eine Jacke mit wasserabstoßenden Fasern.
- Knöchelhohe **Trekkingschuhe** sind zum Wandern, für Farmarbeit und als Schutz in unbekanntem Gelände unverzichtbar. Sie sollten auf alle Fälle schon gut eingelaufen sein.
- **Trekkingsandalen,** die man in Outdoorgeschäften kaufen kann, sind bei Reisenden sehr beliebt. Die Sandalen sind zwar teuer, aber bequem und ihr Geld wert.
- Wer auch mal ausgehen will (Oper, Theater, Restaurant, Nachtclub) wird noch ein **weiteres Paar Schuhe** benötigen. Mit Turn- oder Trekkingschuhen ist man nicht überall willkommen.
- **Badeschlappen** sind vor allem für die Benutzung von

Schnäppchen und Kleiderspenden

In den Opportunity-(„Opp-“)-Shops genannten Secondhand-Läden karitativer Hilfsorganisationen wie Salvation Army, St. Vincent de Paul, Red Cross u. a. kann man für ein paar Dollar Kleidung einkaufen (... und sie dort übrigens auch gern abgeben, wenn man etwas nicht mehr braucht). Einige Hostels haben mittlerweile Kleidertonnen, in die Backpacker nicht mehr benötigte Sachen ablegen können. Will die kein anderer Hostelgast, werden sie Wohltätigkeitsvereinen gespendet. Nicht selten bekommt man Sachen auch einfach von Mitreisenden oder Einheimischen geschenkt.

▲ *Gute Trekkingschuhe gehören auf alle Fälle ins Reisegepäck*

öffentlichen – leider nicht immer sauberen – Duschräumen äußerst praktisch.

- Als vielseitig einsetzbar erweist sich ein **Sarong.** Nicht nur für Frauen als Kleidungsstück, sondern auch für den Strand, beim Picknick, als Schutz vor Sand oder Moskitos und sogar als Kopfbedeckung. Die schnell trocknenden Stofftücher gibt es auch in Neuseeland.

Wertsachen

Auf die Mitnahme von **Wertsachen** sollte man möglichst verzichten. Gerade in Hostels muss man sehr aufpassen. Oft – aber leider noch nicht immer – gibt es dort Schließfächer. Für Geld und Geldkarten bietet sich ein **Geldgurt** an.

Elektrogeräte

Für **elektrische Geräte** braucht man einen Adapter, neuseeländische Steckdosen sind dreipolig! Der

Einige Dinge, die im Reisegepäck nicht fehlen sollten

- ❑ *Taschenlampe*
- ❑ *Taschenmesser (nicht ins Handgepäck!)*
- ❑ *Wecker bzw. Armbanduhr mit Weckfunktion*
- ❑ *Nagelschere und Pinzette (nicht ins Handgepäck!)*
- ❑ *Näh-Set*
- ❑ *Feuerzeug (bei US-Fluggesellschaften mittlerweile an Bord verboten)*
- ❑ *Ein kleines Schloss, das man oft für die Schließfächer in den Hostels braucht oder zum Verschließen der Reißverschlüsse am Rucksack nutzen kann.*
- ❑ *Nackenkissen (macht sich gut auf dem Flug und bei langen Bus- oder Zugreisen)*
- ❑ *Ersatzbrille bzw. -kontaktlinsen*
- ❑ *Gute Sonnenbrille*
- ❑ *Hut zum Schutz gegen die Sonne (mit breiter Krempe)*
- ❑ *Kleine Flasche Sonnenmilch für die ersten Tage. Danach kann man preiswerter in Neuseeland kaufen.*
- ❑ *Kosmetika sollten generell nur in kleinen Probefläschchen für die ersten Tage mitgenommen werden, sonst kommt man schnell über die erlaubten 20 kg Reisegepäck. Und immer nur in Plastikflaschen - kein Glas.*
- ❑ *Ohropax o. Ä.*
- ❑ *Tempo-Taschentücher - gibt es in Neuseeland nicht so oft und wenn, dann sind sie teuer (üblicherweise sind die Tücher dort in einer Papierbox).*
- ❑ *Filme, besonders Dia-Filme (gehören ins Handgepäck) sind in Neuseeland viel teurer als in Deutschland. Die kleinen Beutelchen Silica-Gel, die man z. B. in Kartons neu gekaufter Schuhe findet, sind ein Trockenmittel zum Ausgleich gegen Luftfeuchtigkeit und können zur Sicherheit in die Tüte mit den Filmen gesteckt werden.*
- ❑ *Einige Passbilder (für Ausweise o. Ä.)*
- ❑ *Fotos von der Familie und Freunden (man wird immer mal danach gefragt)*

Literaturtipp
„Wildnis-Ausrüstung" von Rainer Höh, Reise Know-How Verlag, Bielefeld. Von Bekleidung bis zum Zelt und Zubehör: Grundlagen, Materialien, Auswahlkriterien und Kauftipps.

Föhn kann aber zu Hause bleiben. Er nimmt nur Platz weg und man hat sowieso nicht immer Stromanschluss. Besser ist eine pflegeleichte Frisur. Im Zweifelsfall löst der Sonnenhut alle Frisurprobleme.

Schlafsack

Wer zu Hause einen guten Schlafsack hat, sollte ihn mitnehmen. In vielen Hostels wird zwar Bettzeug gestellt – in manchen ist der eigene Schlafsack aus **hygienischen Gründen** sogar verboten –, aber eben nicht in allen. Dann kann zwar in der Regel einer ausgeliehen werden, aber das wird teuer. Außerdem ist im eigenen Schlafsack zu schlafen doch angenehmer. Auch wenn man sich spontan bei Freunden einquartiert, eine Campingtour oder eine lange Bus- oder Zugfahrt macht, leistet der Schlafsack gute Dienste.

Campingausrüstung

Außer dem Schlafsack braucht man keine Campingausrüstung, wie Zelt usw., nach Neuseeland zu schleppen. In jeder größeren Stadt gibt es **Fachgeschäfte** für Campingausrüstung. Die so genannten *Disposal Shops* verkaufen zu guten Preisen. Teilweise kann man Zelte und Campingzubehör sogar ausleihen. Oder man kauft gebrauchte Sachen anderen Backpackern ab. Einfach in Hostels, Internetcafés und Reisebüros an die schwarzen Bretter schauen und sich umhören. Logisch, dass man die eigene Ausrüstung am Ende noch zu barer Münze macht.

Rucksack oder Koffer?

Auch wenn ein Koffer natürlich schicker aussieht: Ein Rucksack ist und bleibt für Backpacker am praktischsten. Manchmal muss man Gepäck durch unwegsames Gelände tragen und mit dem Rucksack hat man dabei die Hände frei. Welcher Rucksack am geeignetsten ist, findet man im **Outdoorgeschäft** heraus. Empfehlenswert ist auch ein **Flightbag,** der für den Flug über den Rucksack kommt. So ist dieser recht gut vor Transportschäden geschützt. Der Flightbag kann außerdem zum Extra-Gepäckstück umfunktioniert werden, wenn man z.B. kleinere Touren macht und einen Teil des Gepäcks umpacken will.

Handgepäck

Hier eignet sich ein kleinerer, robuster Rucksack mit gepolsterten Tragegurten. In diesen Tagesrucksack gehören all die Sachen, die man unterwegs in Bus, Zug und Flugzeug oder bei einem **Tagesaus-**

015ns Abb.: av

Ein Rucksack ist für Backpacker ein Muss

flug braucht. Beim Fliegen daran denken, dass keine spitzen, scharfen und gefährlichen Sachen im Handgepäck mitgeführt werden dürfen.

Wer nicht jeden Tag und Abend mit seinem Rucksack herumrennen will, wird noch eine kleine **Tasche** für den Kleinkram wie Geldbörse, Schlüssel usw. mitnehmen.

Abschied

Ruhe bewahren und vorfreuen

Und wie laufen die Vorbereitungen? Trotz all dem Stress sollte man zwischendurch einfach immer mal innehalten, durchatmen und glücklich sein. Schließlich bereitet man sich jetzt auf genau das vor, was man schon immer machen wollte. Also: Sich auf Neuseeland mit all den kommenden Abenteuern freuen und **Pläne schmieden** ist angesagt!

Abschiedsfeier

Wird der **Bekanntenkreis** rechtzeitig informiert, kann man sicherlich mit einigen Unverständniserklärungen, aber auch etlichen Hilfsangeboten rechnen. Und letztere sollte man ruhig nutzen – schließlich wollen und werden ja alle Helfer Postkarten und Mitbringsel aus Neuseeland bekommen. Kurz vor der Abreise ist eine „offizielle" Abschiedsfeier recht praktisch. So hat man gleich viele Leute zusammen, kann sich von allen verabschieden und noch mal feiern.

Abschiedsgeschenke

Freunde und Verwandte sollte man ausdrücklich bitten, von zu großen Abschiedsgeschenken Abstand zu nehmen. Ansonsten wird man zwar jeden Tag in Neuseeland beim Schleppen des Gepäcks an die Freunde daheim denken – aber nicht unbedingt mit großer Freude.

Abb.: ar006nr

Land und Leute

Geographie

Neuseeland ist mit einer **Fläche** von 269.000 km² etwas kleiner als Deutschland. Mit einer **Einwohnerzahl** von nur 3,8 Millionen Menschen ist es jedoch wesentlich dünner besiedelt. Das Land besteht aus zwei großen Inseln: der Nordinsel, die etwa 75 % der Bevölkerung beherbergt und der Südinsel. Die beiden Inseln erstrecken sich in ihrer Länge über 1600 km.

Wellington, die HauptstadtNeuseelands, befindet sich im Süden der Nordinsel und ist eine der vier großen Städte des Landes. Die größte und einzige Millionenstadt ist Auckland im Norden mit etwas über einer Million Einwohnern. Die beiden großen Städte der Südinsel sind Christchurch und Dunedin.

Die Landschaft der **Nordinsel** ist von lieblichen, grünen Hügeln geprägt. Den Kontrast dazu bieten einige, teilweise noch aktive, Vulkane, die hoch in den Himmel ragen und stellenweise von beeindruckenden Geysiren umgeben sind.

Die **Südinsel** hingegen ist landschaftlich etwas schroffer. Die Southern Alps ziehen sich von Norden nach Süden fast über die ganze Insel. Der höchste Gipfel der Bergkette und auch des ganzen Landes ist der Mount Cook mit 3764 m. Im Süden wird die Insel von der tief eingeschnittenen Küstenlandschaft, den Fiordlands, abgeschlossen.

Zeitverschiebung

Neuseeland liegt auf der anderen Seite der Erde. Somit beträgt die Zeitverschiebung zur mitteleuropäischen Zeit (MEZ) während der neuseeländischen Sommerzeit zwischen Oktober und März + 12 Stunden. Zwischen März und September, der

Sommerzeit in Europa, beträgt der Unterschied nur 10 Stunden. Im Oktober gibt es einige Wochen, in denen sich die Sommerzeiten in Europa und Neuseeland überschneiden. In dieser Zeit sind die Neuseeländer den Europäern 11 Stunden voraus.

Tier- und Pflanzenwelt

Neuseelands Flora und Fauna ist für zwei Dinge bekannt: Farne und Kiwis. Der **Kiwi** ist das Symbol des Landes. Er ist ein relativ großer Vogel mit zottigen braunen Federn und einem dünnen, langen Schnabel. Da er flugunfähig ist, stellen die von den Europäern eingeführten Tierarten wie z. B. Hunde eine Gefahr für ihn dar. Ein weiterer interessanter und geradezu frecher Vogel, vor dem man eventuell warnen sollte, ist der **Kea.** Er ist ein Papagei, der in alpinem Terrain lebt. Die äußerst intelligenten und zutraulichen Vögel werden von allem, was aus Gummi ist, magisch angezogen. So kann es passieren, dass man auf einem Parkplatz sein Auto abstellt und dann zusehen muss, wie die Papageien sich über die Gummileiste hermachen, die die Windschutzscheibe abdichtet. Eine Erkundung der Vogelwelt Neuseelands lohnt sich allemal, ob Kiwis, Papageien, Pinguine, Tuis oder Albatrosse, sie sind alle höchst beeindruckend.

Was sind Kiwis?

Kiwis sind ein Symbol Neuseelands - in jeder Hinsicht. Der Begriff ist allgegenwärtig und hat mehrere Bedeutungen. So gibt es einmal den Vogel, der unter anderem auf Geldscheinen, Münzen und Briefmarken abgedruckt ist. Dann gibt es natürlich die grüne Frucht, die in Neuseeland wächst und die wir alle aus dem Supermarkt kennen. Und zu guter Letzt, aber auf keinen Fall zu vergessen, die Neuseeländer selbst. Sie bezeichnen sich mit Stolz als Kiwis und viele umständliche oder lange Wörter können somit abgekürzt werden. Man sagt z. B. Kiwi Dollar anstatt New Zealand Dollar.

Ansonsten kann beruhigend gesagt werden, dass es in Neuseeland keinerlei gefährliche oder giftige Tiere gibt.

Typisch für die Flora Neuseelands ist der Farn, der in zahlreichen Arten vertreten ist

In der Pflanzenwelt ist die Vielfalt an Farnen beeindruckend. Wie der Kiwi ist auch der **Farn** ein Symbol des Landes und auf verschiedenen offiziellen Emblemen oder Logos wiederzufinden. In Neuseeland ist eine unglaubliche Anzahl von Farnarten beheimatet, die man teilweise in botanischen Gärten, aber auch in der Natur bei Wanderungen oder Spaziergängen bewundern kann. Eine andere besondere Pflanze Neuseelands ist der **Kauri-Baum.** Er kommt nur in Neuseeland vor und wächst auf der Nordinsel. Der älteste und größte Kauri-Baum steht im Waipoua-Wald nördlich von Auckland. Sein Name ist Tane Mahuta (Gott des Waldes). Er ist 51 m hoch und 1200 Jahre alt. Nach alter Überlieferung der Ureinwohner gilt er als Erschaffer der Erde. Weil Vater Himmel (Rangi) und Mutter Erde (Papa) sich zu Anfang so fest umarmt hatten, dass es kein Licht gab, fing er an zu wachsen und die beiden auseinander zu drängen. Das Licht konnte nun auf die Erde. Er war es auch, der die erste Frau erschuf (Hine), die er heiratete. Ihre Kinder waren die ersten polinesischen Menschen.

Klima

In Neuseeland ist so manches anders. An Weihnachten wird in der heißesten Zeit des Jahres gegrillt und im Juli wird in weißem Pulverschnee Ski gefahren.

Da Neuseeland auf der Südhalbkugel liegt, sind dort die **Jahreszeiten** den unseren entgegengesetzt. So ist von September bis November Frühling, von Dezember bis Februar Sommer, von März bis Mai Herbst und von Juni bis August Winter.

Die Jahreszeiten wirken sich in den einzelnen Regionen des Landes unterschiedlich aus. Über die **Nordinsel** lässt sich sagen, dass die Sommer angenehm warm und sonnig sind und die Winter mild und leider sehr verregnet. In den höheren Lagen auf den Vulkanen fällt Schnee. Im Norden der Südinsel können die Sommer sehr heiß werden und einige schwarze Bäume auf den Hügeln erinnern an die Buschbrände, die es durch zu lange Trockenheit und Hitze in der Vergangenheit bereits gegeben hat. **Gegen Süden** hin wird es immer kühler und an der Südspitze im Fiordland ist es ganzjährig sehr regnerisch. Die Region gilt als das regenreichste Gebiet Neuseelands. Die Winter auf der **Südinsel** verhalten sich proportional zu den Sommern, d.h., von Norden nach Süden wird es immer kälter, wobei man nur in den **Southern Alps,** die sich durch die Mitte der Insel ziehen, den eigentlichen, klassischen weißen Winter erleben kann. Die Bergkette trennt die Südinsel wie eine Wand in zwei Hälften, was einen interessanten Einfluss auf das Klima dort hat. Da die Wolken nicht über die hohen Gipfel gelangen, geht westlich der Southern Alps der ganze Regen ab. Somit ist die Region sehr feucht und bietet optimale Bedingungen für eine regenwaldartige Vegetation mit vielen Farnen. Die östliche Seite der Alpen hingegen geht fast leer aus. Da es dort sehr selten regnet, ist das Gebiet trocken und die Vegetation nicht so üppig.

Sonnenschutz

Hautkrebs ist ein ernst zu nehmendes Problem heutzutage. Besonders in Neuseeland sollte man sich davor schützen, da die UV-Strahlung dort durch das **Ozonloch** intensiver und aggressiver ist als in Europa. Selbst wenn das Wetter schlechter und der Himmel bewölkt ist, kann es leicht zu Sonnenbrand kommen. Darum ist unbedingt immer an Sonnenschutz zu denken. Eine Sonnencreme mit mindestens Lichtschutzfaktor 30 ist empfehlenswert. Für die Gesichtshaut ist sogar ein noch höherer Faktor ratsam. Sinnvoll ist es auch, nicht allzu knappe Kleidung zu tragen und seine Schultern mit einem T-Shirt, den Kopf mit einem Hut zu bedecken. Trotz allem darf man natürlich auch in Neuseeland die

Burn Time

In den Tageszeitungen und in den Nachrichten wird man täglich über die Burn Times informiert. Das ist die Dauer, die man ohne Schutz in der Sonne bleiben könnte, ohne einen Sonnenbrand zu bekommen. Da diese Angabe allerdings für jeden Hauttyp verschieden ist, gibt es zusätzlich auch einen UV Index, der auf einer Skala beschreibt, wie hoch die UV-Strahlung und damit die zu treffenden Schutzmaßnahmen sind.
Es ist unbedingt zu empfehlen, ab und zu einen Blick darauf zu werfen, sich danach zu richten und bei extrem hohen Werten die Sonne lieber ganz zu meiden.

sonnigen Tage genießen. Mit den richtigen Vorsichtsmaßnahmen und ein bisschen Vernunft gibt es keinen Grund zur Panik.

Reiseroute und Reisezeit

Generell kann man beide Inseln Neuseelands **ganzjährig** bereisen. Lediglich auf der **Nordinsel** ist der Winter ziemlich verregnet. Der Sommer hingegen ist sonnig und warm. Der Winter auf der **Südinsel** ist in den Alpen und im Süden unter Umständen sehr kalt. Im Norden hingegen sehr mild.

Da jeder eine unterschiedliche Vorstellung von Aktivitäten und Jobs hat, die er in Neuseeland machen möchte und damit auch unterschiedliche Ansprüche an Klima und Wetter mitbringt, kann man keine pauschale Empfehlung für die Reiseroute geben, sondern lediglich ein paar Anregungen.

▼ Milford Sound – der Fjord ist Teil des Fiordland National Park auf der Südinsel und eine große Touristenattraktion

Land und Leute

021ns Abb.: av

Wer gerne **Ski oder Snowboard** fahren möchte, ist im Winter auf der Südinsel am besten aufgehoben. Als Alternative kann auch auf der Nordinsel auf Vulkanen gefahren werden.

Für **Wanderungen** auf der Südinsel empfiehlt sich der Sommer, da das Klima milder ist und bei mehrtägigen Touren einfach angenehmer.

Jobs findet man in den großen Städten ganzjährig, in kleineren Orten sind Arbeiten in der Gastronomie oder Tourismusindustrie saisonabhängiger, wobei eine wichtige Komponente auch die Schulferien der Neuseeländer sind, da sie sehr gerne im eigenen Land reisen.

Schulferien in Neuseeland

- *April*
- *Juni/Juli*
- *September/Oktober*
- *Dezember-Februar*

Weitere praktische Informationen zu Reisezeiten und Klimatabellen für ausgewählte Gebiete und Städte findet man zum Beispiel auf folgender Website:

- *www.travelinfo.co.nz*

Erntehelferjobs oder entsprechende andere Arbeiten in der Landwirtschaft gibt es ganzjährig verteilt über das gesamte Land.

Die Neuseeländer

Die Einwohner Neuseelands bilden eine bunte Nationalitätenmischung. Hauptsächlich leben heute **Einwanderer** aus Europa in dem Land, mit der Zeit sind aber auch viele Asiaten auf den Inseln heimisch geworden. Auch die **Maoris,** die Ureinwohner Neuseelands, sind noch in Neuseeland heimisch und außerdem eine kleine Gruppe von Einwanderern von den Pazifischen Inseln. Somit ergibt sich vor allem in den Großstädten eine interessante kulturelle Mischung. Dennoch unterscheidet sich der Lebensstil eines Kiwis nur geringfügig von dem eines Europäers.

◀ *Versammlungshaus der Maori in Gisborne*

Take it easy, bro

Doch diese Geringfügigkeit wird einem schnell auffallen. Die Kiwis sind der Inbegriff von **Ruhe und Gelassenheit.** Von Hektik ist höchstens in den großen Städten etwas zu spüren. Aber selbst dort fällt einem auf, dass die Zeit bei den Neuseeländern irgendwie anders tickt, sie scheinen einfach viel mehr davon zu haben.

Auch das optische Erscheinungsbild unterscheidet sich ein wenig von dem korrekten Bild, das wir in unserer Heimat gewohnt sind. Am liebsten laufen die Neuseeländer in **lässiger Freizeitkleidung** herum, Schuhe sind dabei optional. Ein Kiwi ohne Schuhe ist keine Seltenheit, ob beim Einkaufen im Supermarkt oder beim Bummel durch die Stadt. Lediglich in manchen Gebäuden wie Restaurants oder Kinos besteht „Schuhpflicht".

In ihrer **Freizeit,** von der sie versuchen so viel wie möglich zu haben, sind sie am liebsten an der frischen Luft, ob bei einem Barbecue im Garten oder einem Treffen mit Freunden im Park. Die Kiwis sind äußerst gesellig und ein Bier im Pub gehört genauso dazu wie der **Sportbegeisterung** nachzugehen, die in jedem von ihnen steckt. Die Nationalsportarten Neuseelands sind Rugby, Kricket und Segeln.

Sprache

Maori – Deutsch

Aotearoa - Neuseeland
Kia ora! - Hallo!
Kia ora tatou! - Hallo alle zusammen!
Haere mai! - Willkommen!
Haere ra! - Auf Wiedersehen!
Kei te pehea koe? - Wie geht es?
kei te pai - gut
tino pai - sehr gut

Es gibt **zwei offizielle Sprachen** in Neuseeland: Englisch und Maori.

Das neuseeländische Englisch ist relativ leicht verständlich, es gibt geringfügige Besonderheiten in der Aussprache wie z. B. die Vorliebe, bestimmte Vokale in die Länge zu ziehen.

Obwohl Englisch die dominierende Sprache ist, schätzt man, dass rund 100.000 Menschen fließend **Maori** sprechen. Auch den Reisenden bleibt die Sprache der Ureinwohner nicht verborgen, schon am Flughafen stehen Schilder, die einen auf Maori begrüßen und an den meisten Ortsein- und -ausgängen ebenso.

Die Nationalhymne wird bei feierlichen Anlässen, sei es eine Sportveranstaltung oder Ähnliches, immer in beiden Sprachen gesungen. Radio- und Fernsehsendungen gibt es sowohl auf Englisch als auch auf Maori.

Literaturtipp
„Neuseeland Slang" von C. Daley und M. Lutterjohann, Reise Know-How Verlag, Bielefeld. Dieser Band aus der Reihe Kauderwelsch entschlüsselt den Sprachcode der Kiwis im Alltag.

Umgang mit Touristen

Die Neuseeländer sind ein unglaublich **offenes und herzliches Volk.** Da sie selber gerne reisen, sind sie weltoffen und neugierig. Weil sie auch sehr viel im eigenen Land unterwegs sind, sind sie sehr erfreut darüber, einige Tipps für die Weiterreise geben zu dürfen. Ihre **Hilfsbereitschaft** kennt fast keine Grenzen. Selbst wenn man sich gezwungen sieht aufgrund einer misslichen Lage an der Haustür eines Fremden zu klingeln und ihn um Hilfe zu bitten, so öffnen einem vielleicht zu Anfang ein Paar überraschter Augen die Tür, die aber schnell das Problem erkennen und man garantiert mit Hilfe rechnen kann. Aus einem Fremden wird ein Freund, der einem unter Umständen am Ende viel mehr Hilfe anbietet, als man eigentlich annehmen kann.

Des Weiteren kann man von Neuseeland sagen, dass ein nicht ganz kleiner Anteil der Geschäfte mit der Tourismusindustrie gemacht wird. Man hat sich auf den wachsenden Andrang der Reisenden eingestellt und **viele Attraktionen** errichtet. In einigen Orten wird man regelrecht von den Angeboten erschlagen, sei es Bungeejumping oder Fallschirmspringen. In Neuseeland kann man alles machen, was das Adrenalin höher schießen lässt (s. a. S. 85). Vielerorts ist das Angebot so groß, dass es sich bei Interesse lohnt, die Angebote zu vergleichen und das günstigste herauszusuchen.

How are you today?

Immer wieder wird man die Frage „How are you?" hören. Jede Verkäuferin und jeder Rezeptionist sorgt sich anscheinend um das Befinden seines Mitmenschen. Allerdings ist die einzig richtige Antwort auf diese Frage ein „Fine, thanks" - auch wenn es einem gar nicht gut geht. Die Frage ist einfach eine Floskel und ihr sollte mit Gelassenheit und einem Lächeln begegnet werden. In Neuseeland ist es auch üblich, sich mit Vornamen anzureden. Verbunden mit dem automatischen Duzen im Englischen schafft das eigentlich recht schnell eine lockere und herzliche Atmosphäre.

Die Maori

Vor über 1000 Jahren sind Maori mit Kanus *(waka)* aus ihrem **Heimatland Hawaiki** nach Neuseeland gekommen und haben sich in verschiedenen Stämmen über das ganze Land verteilt.

Heutzutage sind etwa 14 % der neuseeländischen Bevölkerung Maori. Sie leben in den Städten oder auf dem Land, integriert in die moderne Welt. Sie sind in allen Bereichen und Berufen anzutreffen.

Ihre Kultur und Sprache beeinflussen das Land auf vielen Ebenen. Die **Maori-Kultur** ist reich und vielfältig, sie reicht von Traditionellem bis zu Modernem. Traditionelle Kunst wie Schnitzen, Weben, Gruppenaufführungen *(kapa haka)* und Tätowierungen *(moko)* werden immer noch, teilweise nach alter traditioneller Art, im ganzen Land praktiziert. Heutzutage umfasst die Maori-Kultur auch moderne Kunst, Film, Fernsehen, Literatur, Theater und Hip-Hop-Musik.

Um ein bisschen mehr von der **Maori-Tradition** mitzubekommen, bieten einige Tourunternehmen Besuche in so genannten *marae (Maori meeting grounds)* an. Dort durchläuft man eine Begrüßungszeremonie, um zu zeigen, dass man in Frieden gekommen ist. Schließlich wird man in das *wharenui (meeting house)* eingeladen. Dort werden Reden gehalten und Lieder gesungen. Nachdem man die

▼ *Bunte Maori-Kunst*

031ns Abb.: aa

Der Haka

Der Haka bezeichnet eigentlich allgemein den Maori-Tanz. Es gibt verschiedene Hakas, die bei diversen Veranstaltungen oder Festen aufgeführt werden. Der populärste Haka ist der Ka mate, der Haka, den die All Blacks, das Rugby-Team Neuseelands, so berühmt gemacht haben. Die All Blacks führen vor jedem ihrer Spiele, sei es in Neuseeland oder im Ausland, bei Freundschaftsspielen oder Weltmeisterschaften, den Ka mate auf. Den Haka zu beschreiben ist schwierig, daher ist es auf jeden Fall empfehlenswert, sich den Haka der All Blacks einmal anzusehen, um die Macht und das Gänsehautgefühl des Tanzes selber zu erleben.

Der Autor Alan Armstrong versuchte den Haka mit folgenden Worten zu beschreiben:

„Der Haka ist eine Komposition gespielt von vielen Instrumenten. Hände, Füße, Beine, Körper, Stimme, Zunge und Augen, alle spielen ihre Rolle in der Verschmelzung, um die Herausforderung, das Willkommen, den Jubel, den Trotz oder die Verachtung der Worte in ihrer Gesamtheit zu überbringen."

Gastgeber auf traditionelle Weise, durch das Aneinanderreiben der Nasenspitzen, begrüßt hat, ist es üblich, dass die *manuhiri* (Gäste) ein *koha* (Geschenk) überreichen. Danach wird gemeinsam ein Mahl eingenommen.

044ns Abb.: ar

Tipps zum Einleben

Erst mal „ankommen"

Die ersten Tage und Wochen in Neuseeland sollte man sich Zeit zum „Ankommen" lassen, damit man ein **Gefühl** für Land und Leute bekommt, sich an den Dialekt der Neuseeländer gewöhnt und Leute kennen lernt. Danach kann man sich motiviert und offener an die Jobsuche oder die große Planung machen.

Reisetagebuch

Auch wenn man es sonst vielleicht nicht macht, das Führen eines Reisetagebuches lohnt sich. So hat man später noch den Überblick über die Stationen der Reise, kann Fotos und Erlebnisse leichter zuordnen oder einfach nur in seinen Erinnerungen schwelgen.

027ns Abb.: am

Kommunikation

Internet

In Neuseeland findet man mittlerweile selbst in entlegenen Orten Internetanschlüsse. Die Computer funktionieren zuweilen per Münzeinwurf oder mit Chipkarte, oft wird an einer Rezeption abgerechnet.

Es eröffnen ständig neue **Internetcafés.** Viele Backpacker-Reisebüros bieten Internetservice an. Dort bekommt man teilweise Gratiszugang, wenn man eine Tour o. Ä. bucht. In Hostels gibt es fast immer einen Computer mit Internetanschluss. Angebote wie kostenloser Internetzugang beim Einchecken oder tägliche Gratisminuten sollen gerade in Städten mit einem Überangebot an Hostels die Backpacker anlocken. Auch auf Bahnhöfen und Flughäfen findet man oft Gelegenheit zu einer schnellen E-Mail. Nicht zu vergessen sind die öffentlichen Bibliotheken. In einigen kann man (oft nur nach Voranmeldung) sogar kostenlos im Internet surfen.

Die **Preise** für die Internetnutzung variieren stark. In der Regel wird nach Zeittakten abgerechnet. Es gilt die einfache Regel, dass Konkurrenz das Geschäft belebt und die Preise senkt. In großen Städten kann man manchmal zum Pauschalpreis unbegrenzt surfen.

Eine E-Mail-Adresse bei einem Internetprovider werden sicherlich die meisten haben. Wer bisher noch nicht über ein eigenes E-Mail-Postfach verfügt, sollte sich mit Blick auf die Reise eins anlegen. Man kann darauf von jedem beliebigen Computer mit Internetanschluss zugreifen. Bei Internetprovidern wie www.web.de, www.gmx.de und anderen kann man die E-Mail-Postfächer sogar kostenlos einrichten lassen.

Literaturtipp
„Kommunikation von unterwegs", Volker Heinrich, Reise Know-How Verlag, Bielefeld. Telefonieren übers Internet, Geldangelegenheiten online erledigen, Geräte für unterwegs etc.

029ns Abb.: jk

◀ *Viele Hostels bieten einen Internetzugang, die Preise schwanken von kostenlos bis stark überteuert*

Einen Überblick und auch einen Test der wichtigsten **Freemail-Anbieter** findet man unter:

- *www.testberichte.de*

Außer zum Abrufen und Versenden von E-Mails kann das eigene E-Mail-Konto auch als kostenloser **Dokumentenspeicher** fungieren, wenn man eine E-Mail mit einem Dokument als Anhang an die eigene Adresse schickt. Das gilt für alle digitalisierbaren Dokumente von persönlichen Unterlagen bis zu Fotos oder gar Videos.

Da bei kostenlosen E-Mail-Konten Speicherplatz und -dauer oft begrenzt sind, kann man bei einigen Anbietern gegen eine monatliche Gebühr einen erweiterten Service bestellen.

Preiswert nach Neuseeland telefonieren

Für die Daheimgebliebenen und für Anrufe im Reisevorfeld: Anbieter günstiger Vorwahlen findet man unter www.billiger-telefonieren.de, www.infospot.at und www.teltarif.ch.

028ns Abb.: aa

▲ *Telecom New Zealand - der Hauptanbieter für Telefondienstleistungen in Neuseeland*

Bookmarks speichern

- *www.oneview.de*

Dokumente speichern

- *www.my-files.de*
- *www.freenet.de*
- *www.gmx.de*

Telefon

Telefonieren innerhalb Neuseelands

Telecom New Zealand ist der Hauptanbieter für Telefondienstleistungen in Neuseeland, ein anderer Anbieter ist TelstraClear. Neuseeland hat ein ausgedehntes Netz von **Telefonzellen,** wovon

◀ *Billiger telefonieren mit Telefonkarten*

025ns Abb.: jk

die meisten die gängigen Kreditkarten akzeptieren. Es gibt außerdem ca. 450 Münztelefone. Alternativ akzeptieren die öffentlichen Fernsprecher **Telefonkarten,** die einen Chip besitzen, auf dem das Guthaben gespeichert wird. Die Telefonkarten sind im Wert von 5 $, 10 $, 20 $ und 50 $ erhältlich. Man kann sie in einer Vielzahl von Geschäften wie z. B. Tankstellen, Buchläden, Supermärkten und Zeitungsgeschäften kaufen.

Viele Hostels haben einen **Telefonanschluss für die Gäste.** Von diesen Telefonen aus sind Ortsgespräche kostenlos. Auch haben diese Telefone eine Nummer, unter der man sich zurückrufen lassen kann. Für Ferngespräche von solchen Anschlüssen gibt es so genannte **prepaid phonecards** (siehe Kapitel „Telefonieren nach Hause").

Telefonieren nach Hause

Mit den *prepaid, calling* oder *international phonecards* ist ein Anruf nach Hause recht preiswert. Es gibt etliche Anbieter solcher Karten mit Tarifen, die man vergleichen muss.

Zuerst wählt man sich, egal ob von einem privaten Telefonanschluss oder einer Telefonzelle aus, gebührenpflichtig ins örtliche oder neuseelandweite Netz des Kartenanbieters ein und gibt dann die PIN der Karte ein. Es ist auch die Einwahl über eine gebührenfreie 1800er Nummer möglich. Die eigentlichen **Gesprächsgebühren** richten sich auch nach der entsprechenden Einwahl zur Telefongesellschaft. Die **Telefonkarten,** die es zum Beispiel in Zeitungsläden ab einem Wert von 5 $ gibt, können bei der Post oder per Kreditkarte wieder aufgeladen werden. In der Regel verfügen sie über einen integrierten Anrufbeantworter *(voicemail)*. Das Abrufen ist allerdings nicht ganz billig.

Handy

Wer sein Handy, in Neuseeland *mobile phone* genannt, von zu Hause mitbringt, hat mehrere Möglichkeiten. Die teuerste ist, es weiter über den **heimischen Anbieter** laufen zu lassen. Zu den Gebühren des neuseeländischen Funknetzes kommt dann noch der satte Auslandsaufschlag des eigenen Netzbetreibers. Und auch wenn man angerufen wird, muss man zuzahlen.

Eine gute Alternative sind neuseeländische **Prepaid-Karten,** die man einfach gegen die deutsche SIM-Karte austauscht. Allerdings ändert sich somit die eigene Rufnummer und die auf der deutschen SIM-Karte gespeicherten Daten können leider nicht benutzt werden. Die Anbieter solcher Karten sind die unten genannten Telefongesellschaften.

Telefongesellschaften in Neuseeland

Informationen zu Verträgen, Karten und Tarifen:

- *www.vodafone.co.nz*
- *www.telecom.co.nz*
- *www.telstrclear.co.nz*

Erhältlich sind die Prepaid-Karten unter anderem in Zeitungsläden und Supermärkten. Augenmerk verdient die Gültigkeit der Handy-Karten. Teilweise verfällt das Guthaben nach einigen Monaten. Bei einem längeren Aufenthalt kann sich der Abschluss eines **normalen Kartenvertrages** mit bedeutend günstigeren Tarifen lohnen.

Post

Postempfang

Post kann man sich **postlagernd** an das Hauptpostamt des jeweiligen Ortes zusenden lassen. Das ist nicht nur praktisch, um sich an Briefen aus der Heimat zu erfreuen, sondern auch für die Zusendung von neuseeländischen Dokumenten, wie z. B. der Steuernummer. Die **Anschrift** für postlagernde Sendungen sollte so aussehen:

Hans MUSTERMANN
(den Familiennamen groß schreiben, damit er nicht mit dem Vornamen verwechselt wird)
Poste restante
Main Post Office
Wellington
6001
New Zealand

> **Die neuseeländische Post**
> *Auf der Website kann man nach Postcodes suchen, es gibt einen Post Shop Locator, Infos zu den Tarifen u. v. m. - www.nzpost.co.nz.*

014ns Abb.: jk

▲ *Die Post in Neuseeland bietet guten Service und schöne Briefmarken*

Die **Postleitzahl** des jeweiligen Postamtes kann man nicht nur im Postamt oder auf der Website der Post erfahren, sondern u. a. auch in Reiseführern nachlesen.

Auf dem Postamt kann die Sendung gegen Vorlage eines Ausweises abgeholt werden. Briefe und Päckchen werden einen Monat aufgehoben und anschließend an den Absender zurückgeschickt. Es ist auch möglich, sich die Post gegen eine Gebühr per **Nachsendeantrag** in eine andere Stadt weiterschicken zu lassen.

026ns Abb.: aa

Post- und Paketversand

Wer ein Paket nach Hause senden möchte, hat drei Möglichkeiten:

- **International Express –** per Kurier, die schnellste und teuerste Art (ca. 2–4 Tage),
- **International Air –** per Luft (ca. 4–10 Tage),
- **International Economy –** per Schiff, die billigste und langsamste Möglichkeit (ca. 13–25 Tage).

Man kann die Sendung noch extra **versichern** lassen. Die Postämter bieten neben Umschlägen, Kartons in diversen Größen, schönen Postkarten und Schreibwaren auch einen guten Service.

Bankkonto

Bei längerem Aufenthalt in Neuseeland lohnt sich die Einrichtung eines Bankkontos. (Das neuseeländische Konto vor der Abreise aufzulösen, ist problemlos.) Will man arbeiten, ist es sogar unbedingt **erforderlich.** Barauszahlungen des Lohns sind heutzutage selten. Manchmal gibt es einen Scheck. In der Regel wird das Geld aber direkt auf ein Bankkonto überwiesen.

Bei der **Eröffnung des Kontos** sollte man sich beraten lassen, da die Konditionen je Kontenart variieren. Zu Empfehlen ist ein *savings account*. Eine geringe monatliche **Kontogebühr** ist meist zu zahlen. Online-Banking ist in den Leistungen in der Regel mit enthalten, bedarf aber einer extra Anmeldung.

Nach einigen Tagen bekommt man eine **Bankkarte** zugeschickt (als Postadresse genügt z. B. das Hostel). Mit dieser kann man vom **Bankautomaten** *(ATM – Automatic Teller Machine)* Geld abheben sowie in vielen Geschäften bargeldlos bezahlen *(EFTPOS – Electronic Funds Transfer at Point of Sale)*. Eine bestimmte Anzahl dieser Transaktionen ist umsonst, dann fallen Gebühren je Aus- oder Bezahlung an. In einigen Geschäften (z. B. Supermärkten) kann man sich beim Bezahlen mit EFTPOS gleich noch Bargeld auszahlen lassen *(cash out)*.

Ist das Konto eröffnet, kann man fürs erste Travellerschecks einzahlen oder eine Überweisung vom deutschen Konto veranlassen. Das dauert etwa eine Woche. Eine weitere Möglichkeit ist, Geld vom deutschen Konto per EC-Karte am neuseeländischen Bankautomaten abzuheben und bei der Bank gleich auf das Konto einzuzahlen. Die Maximalsumme je Auszahlung und die anfallenden Gebühren – auch für eine Überweisung – variieren je nach Bank.

Welche Bank?
Wichtig ist, das Konto bei einer großen, überregionalen Bank mit vielen Filialen zu eröffnen. In Frage kommen Westpac, ANZ, Nationalbank, die Bank of New Zealand, ASB oder Kiwibank (hat ihre Filialen in den Postämtern).

Banken in Neuseeland

- *Bank of New Zealand – www.bnz.co.nz*
- *ASB – www.asb.co.nz*
- *Westpac – www.westpac.co.nz*
- *ANZ – www.anz.com/nz*
- *Kiwibank – www.kiwibank.co.nz*
- *Nationalbank – www.nationalbank.co.nz*

Steuernummer

Um in Neuseeland arbeiten zu können, muss man eine **Steuernummer** *(IRD Number)* beantragen, das benötigte Formular erhält man im Internet oder direkt bei der Inland Revenue. Hat man die Steuernummer erhalten und beginnt ein Arbeitsverhältnis, füllt man vor Beginn eines jeden Arbeitsverhältnisses ein Formular aus, das man von seinem Arbeitgeber erhält. Daraus geht die Steuerklasse, in der man sich befindet, hervor und der Anteil, den man an Steuern zahlen muss. Die Steuerklasse ist unter anderem abhängig von dem geschätzten Jahreseinkommen und der Anzahl der ausgeübten Jobs.

Das neuseeländische Steuerjahr endet jeweils am 31. März und es ist grundsätzlich möglich, den **Tax Return** (eine Art Lohnsteuerjahresausgleich) zu machen. Das Formular hierfür ist auf der Internetseite der Inland Revenue erhältlich. Da man allerdings als Backpacker keinen Steuerfreibetrag geltend machen kann, bekommt man nur einen Teil der gezahlten Steuern zurück. Wem es zu mühsam ist, sich selber durch das Formular zu arbeiten, kann sich an einen **Tax Agent** wenden. Diese kooperieren meist mit Jobagenturen, die sich speziell auf die Bedürfnisse von Backpackern und Fragen zu dieser Thematik eingestellt haben.

Informationen

An **Informationsmöglichkeiten** mangelt es in Neuseeland nicht. In fast jedem Ort gibt es eine Touristeninformation. Die i-SITE Visitor Centre, die offiziellen Informationsstellen Neuseelands, findet man an über 80 Orten im ganzen Land verteilt. Dort und in Hostels, Reisebüros, auf Bahnhöfen usw. bekommt man jede Menge Informationsblätter und

Beantragung der IRD Number

Die IRD Number wird von der ***Inland Revenue (Te Tari Taake)*** *vergeben. Sie kann erst beantragt werden, wenn man in Neuseeland ist. In der Regel dauert die Bearbeitung 14 Tage. Man braucht den Reisepass mit einem gültigen Working Holiday Visum. Außerdem muss man eine Postadresse in Neuseeland angeben, an die die IRD Number geschickt werden soll. Das kann aber auch eine postlagernde Adresse oder die eines Hostels sein.*

- *Der schriftliche Antrag geht an das* ***nächste zuständige Büro. Die Postadressen hierfür findet man unter www.ird.govt.nz/contact-us/postal.*** *Das entsprechende Formular (IR 595) kann man sich von der Website der Inland Revenue herunterladen. Zur Beantragung muss eine Kopie des Reisepasses mit Arbeitserlaubnis mitgeschickt werden.*

- *Einige Hostels oder Jobvermittlungen helfen bei der Beantragung der IRD Number, indem sie gegen ein kleines Entgelt die erforderlichen Kopien der Dokumente anfertigen, beim Ausfüllen des Formulars behilflich sind und alles direkt an das zuständige Büro faxen.*

Die ***Internet-Adresse*** *lautet: www.ird.govt.nz.* ***Telefonische Auskünfte*** *bekommt man neuseelandweit und gebührenfrei unter Tel. 0800 227 774.*

Broschüren. Das Department of Conservation verbreitet Hefte mit Informationen zu Flora und Fauna und regionalen Besonderheiten.

Außerdem erscheinen speziell für Backpacker diverse **Magazine,** die kostenlos in Hostels und Informationsstellen ausliegen. Sie enthalten viel Werbung, aber auch brauchbare Tipps zu Unterkunft, Transport und Jobs. Hier einige davon:

- **TNT** (www.tntmagazine.com)
- **Backpacker Express**
- **Neuseeland News** (www.neuseeland-news.com, dieses deutschsprachige Magazin kann man auch abonnieren)

Auch für das Organisieren der Reise, das Buchen von Touren, Informationen zu Reiseverbindungen u.v.m. gibt es **Reisebüros** speziell für Backpacker und Studenten.

- **STA Travel** (www.statravel.co.nz)
- **Backpackers World** (www.backpackers-world.com.au)

Sprachschulen

Besonders Leute, die einen attraktiven Job suchen, sollten sich in Bezug auf ihre Englischkenntnisse fit fühlen. Man darf nicht vergessen, dass die Konkurrenz auf dem Backpacker-Arbeitsmarkt in Neuseeland groß ist. Sehr viele englische **Muttersprachler,** wie Briten und Iren, suchen nach Jobs und haben in vieler Hinsicht durch ihre Muttersprache bessere Karten. Auch Holländer und Skandinavier sprechen in der Regel ein sehr gutes Englisch. Daher kommt vielleicht ein Sprachkurs zu Beginn des Neuseelandaufenthaltes in Frage. So lernt man gleich noch Leute kennen. Bietet die Sprachschule auch Freizeitaktivitäten an, macht es am meisten Spaß.

Sprachschulen im Internet

- *www.languagecourse.net*
- *www.language-learning.net*

Fast alle größeren Sprachreiseveranstalter haben Neuseeland-Aufenthalte im Programm. Auf Neuseeland und Australien hat sich spezialisiert:

- ***Pan Pazifik,** 63571 Gelnhausen, Pappelweg 6, Tel. 06051 887542, Fax 887594, www.panpazifik.de, info@panpazifik.de*

Kontakte

Leute kennen zu lernen ist denkbar einfach, wenn man sich offen verhält. Gerade in Hostels herrscht dafür eine positive Atmosphäre. Einige Hostels bieten **Freizeitangebote** wie Pubtouren *(pub crawls)* oder Ausflüge an, bei denen man schnell Bekanntschaften schließen kann. An schwarzen Brettern findet man oft Nachrichten, dass Mitreisende gesucht werden. Praktisch ist auch der Kontakt mit Backpackern, die gerade aus der Gegend kommen, in die man weiterreisen will. So kann man sich Tipps für gute Unterkünfte oder Jobangebote holen.

Literaturtipp
„Sprachen lernen im Ausland" von Alexandra Albert, Reise Know-How Verlag, Bielefeld. Den passenden Kurs und Veranstalter finden; Bildungsurlaub nutzen; die Reise organisieren etc.

Face your Fear

Adrenalinjunkies sind in Neuseeland goldrichtig, denn in Neuseeland liegt die „Adventure Capital of the World" – die Hauptstadt des Nervenkitzels – **Queenstown.** Eine unscheinbare Stadt auf der Südinsel, bekannt durch die zahlreichen Skigebiete, die sie umgeben, und das große Abenteuer, das sie birgt. Wer nach Queenstown kommt, ob unschuldig und ahnungslos oder auch schon hartgesotten und vorbereitet, wird erschlagen von den **zahlreichen Action-Angeboten,** die einen überhäufen. Queenstown ist die **Heimat des Bungeejumps.** Hier eröffnete A. J. Hackett 1988 den ersten kommerziellen Bungeejump, den Sprung von der 34 m hohen Kawarau Bridge. Heute bietet die Stadt noch weitaus mehr Jumps, darunter auch den höchsten Neuseelands, der sich mit 134 m, gesprungen aus einer Gondel, durchaus sehen lassen kann.

Neben dem Bungeejumping sind nicht nur klassische Sportarten wie Mountainbiking, Fallschirmspringen *(Sky Diving),* Rafting und Klettern in Queenstown heimisch, sondern auch weit exoti-

Das Angebot für Nervenkitzel-Liebhaber ist in Neuseeland riesengroß

032ns Abb.: jk

schere Dinge wie **Jet Boating,** z.B. mit dem Shotover Jet auf dem Shotover River, der sich durch enge Schluchten windet, die per Boot und mit rasanten Geschwindigkeiten passiert werden.

Fly by wire ist eine der schnellsten Activities überhaupt, die das Fliegen mit einem Kampfjet simuliert, den man in luftigen Höhen selber steuern kann. Oder man versetzt sich in seine Kindheit zurück mit einer überdimensionalen Schaukel 400 m über Queenstown, der Ledge Swing.

Aber nicht nur in diesem Zentrum des Abenteuers ist der Nervenkitzel zu finden, sondern verteilt über das ganze Land. Auf seinem Weg durch Neuseeland wird man immer wieder über viel versprechende Bungeejumping-, Sky-Diving- und andere Angebote stolpern, die alle mit ihrer Einzigartigkeit aufgrund ihrer spektakulären Umgebung werben, wie z. B. Fallschirmspringen über dem Mt Cook oder dem Lake Taupo. Aber nicht nur die außergewöhnlichen Örtlichkeiten, sondern auch die ausgefallenen Angebote selbst lassen einen aufhorchen. So gibt es in Auckland zum Beispiel den **Sky Jump,** mitten im Zentrum der Millionenstadt, ein senkrechter Sprung von dem Sky Tower, dem höchsten Gebäude der Südhalbkugel. Oder den **Auckland Bridge Climb,** eine Wanderung über die Stahlträger der Harbourbridge, die unter normalen Bedingungen für Fußgänger unpassierbar ist.

Die Wege, in Neuseeland seinen **Adrenalinspiegel** steigen zu lassen, sind beinahe unerschöpflich. Möglicherweise sind einige wenige Menschen immun gegen das atemberaubende Angebot, aber viele, viele werden infiziert von dem Fieber der Abenteuerlust – spätestens in Queenstown.

Infos zu den Activities

- *www.ajhackett.com*
- *www.taupobungy.co.nz*
- *www.newzealandnz.co.nz/activities/*
- *www.queenstown-nz.co.nz*
- *www.shotoverjet.co.nz*
- *www.flybywire.co.nz*
- *www.skyjump.co.nz*

035ns Abb.: nr

Geld verdienen und sparen

Jobaussichten

Man sollte nicht mit zu hohen Joberwartungen nach Neuseeland reisen. Arbeit gibt es genügend, aber man muss sie finden und sollte sich für Hilfsjobs nicht zu schade sein. Es darf nicht vergessen werden, dass das Working Holiday Visum jungen Leuten gewährt wird, um die Finanzierung des Neuseelandaufenthaltes zu ermöglichen. Das Reisen steht dabei im Vordergrund. Etliche Unternehmen sind darum gar nicht an Backpackern interessiert, da sie davon ausgehen, dass die Reisenden nie besonders lange an einem Ort bleiben und sich die Arbeitsverhältnisse dadurch recht kurz gestalten werden.

Die meisten Jobs gibt es **in den großen Städten,** aber auch die meisten Arbeit suchenden Backpacker. Eine Alternative zu den Städten können **entlegene (remote) Gebiete** sein, in denen Leute normalerweise nicht länger als ein paar Tage bleiben wollen. Ist man bereit, sich für einige Wochen auf die Abgeschiedenheit einzustellen, kann man gutes Geld verdienen und tatsächlich sparen.

Wer, um seinen Lebenslauf aufzupolieren oder spezielle Arbeitserfahrung zu sammeln, unbedingt in einer bestimmten Firma oder Branche arbeiten will, sollte sich rechtzeitig im Vorfeld kümmern. Wenn man schon vor der Abreise **Bewerbungsschreiben** verschickt, hat man bereits erste Kontakte geknüpft. Ansonsten ist es am einfachsten, sich direkt vor Ort um einen Job zu bemühen.

Wichtig ist vor allem: **Dranbleiben!** Man muss sich aktiv kümmern, sich umhören, Aushänge regelmäßig ansehen, Kontakte knüpfen, Erfahrungen austauschen und immer wieder nachfragen. Das Klinkenputzen *(door knocking oder gate calling)* gehört dazu. Gut, wenn man flexibel ist und spontan reagieren kann. Überlegt man zu lange, freut sich der Nächste. In dieser Situation ist es sehr nützlich, ein Handy zur Verfügung zu haben und immer erreichbar zu sein.

Die **Bezahlung** hängt von vielen verschiedenen Faktoren ab. In der Regel wird man als Backpacker zwischen 8 und 15 $ pro Stunde verdienen. Bei einem qualifizierten Job und entsprechender Berufserfahrung kann man aber mehr Geld fordern.

Mögliche Arbeitsfelder

- **Farmwork:** Fruit-picking und andere Jobs auf Farmen sind meist körperlich anstrengend bei zum Teil extremen Temperaturen im Freien.

034ns Abb.: ar

◄ *Auf Farmen gibt es immer viel zu tun*

- **Hospitality:** Dazu zählen Jobs im touristischen und gastronomischen Bereich, wie z. B. kellnern, arbeiten in Pubs oder Casinos, als Küchenhilfe *(kitchenhand),* Gästebetreuung oder Zimmerservice in Resorts, Hotels o. Ä. Kann man Berufserfahrung vorweisen, hat man gute Karten. Es werden aber auch ungelernte Kräfte eingestellt. Wer mit Alkoholausschank zu tun hat, sollte klären, ob er dafür eine Lizenz erwerben muss (Liquor License – Preise zwischen 80 und 100 $). Auch für die Arbeit in Spielcasinos gibt es eine Lizenz (Casino & Gaming License).

Die Skigebiete

Wer gerne Ski und Snowboard fährt oder es lernen möchte, kann auch versuchen, in einem der großen Skigebiette Arbeit zu finden. Die Arbeitsbereiche sind weit gefächert, von Jobs in der Gastronomie bis hin zum Parkplatzwächter. Die Jobangebote sind oft mit Unterkunft und kostenloser Liftkarte kombiniert. Bewerbungen unter:

- *www.mtruapehu.co.nz*
- *www.cardrona.co.nz*
- *www.treblecone.co.nz*
- *www.nzski.com*

037ns Abb.: jk

▶ *Wakapapa Ski Area auf Mt Ruhapehu*

- **Nanny-Jobs:** Wie ein Au-pair betreut man in einer Familie Kinder und Teile des Haushaltes. Neben Kost und Logis gibt es noch Taschengeld.
- **Labour:** Bei Hilfsarbeiten auf Baustellen oder im Straßenbau muss man körperlich richtig zupacken. Die Bezahlung, auch für Handwerker mit Berufserfahrung, ist gut.
- **Nursing:** Arbeitskräfte im Medizin- und Pflegebereich werden ständig gesucht. Mit der entsprechenden Ausbildung findet man schnell eine Anstellung.
- **Sales/Telemarketing/Promotion:** Hier reicht die Palette vom Verteilen von Flyern über telefonische Kundenbefragung bis zu Verkaufsgesprächen in Fußgängerzonen. Wohltätigkeitsorganisationen suchen Leute, die Spenden sammeln.
- **Office Support:** Für Bürojobs werden gute Kommunikationsfähigkeit, Computerkenntnisse und eine bestimmte Anzahl von Anschlägen pro Minute beim Schreiben am Computer erwartet.
- **Accounting/Banking:** Mit Berufserfahrung im Bereich Buchhaltung und Finanzen hat man gute Chancen in den Citys als *temp (temporary worker)* eine Anstellung zu finden.

Jobideen

Die schwarzen Bretter in Hostels, Internetcafés, Reisebüros etc. sind wichtige Informationsquellen für Jobangebote. Zusätzlich sollte man ein bisschen kreativ und verrückt sein und aus eigenen Fähigkeiten Jobs machen.

- Wenn man in **Hostels** nach Arbeit fragt, kann man nicht immer Geld verdienen, aber zumindest etliche Dollar sparen. Für einige Stunden putzen, Betten machen, Wäsche waschen oder Gäste begrüßen bekommt man freie Unterkunft.

Zeitungen für die Jobsuche

Die meisten und aktuellsten Stellenangebote für eine Region findet man in den Zeitungen. Sie ermöglichen einem auch, nach Stellen zu suchen, indem man eine Anzeige unter Stellengesuche aufgibt und darin mit seinen Qualifikationen und Fähigkeiten wirbt. In jeder großen Stadt erscheint mindestens eine Tageszeitung. Die meisten Jobangebote werden samstags veröffentlicht, einige auch mittwochs. Außerdem existieren noch eine Reihe wöchentlich erscheinender Regionalzeitungen. Wer Geld sparen will, kann die Zeitungen in der öffentlichen Bibliothek lesen, in einigen Hostels gibt es auch eine Tageszeitung, die der Allgemeinheit zur Verfügung steht. Allerdings muss man schnell sein und gleich anrufen oder sich vorstellen, wenn man ein passendes Jobangebot entdeckt hat.

Nordinsel

- *The New Zealand Herald (www.nzherald.co.nz)*
- *The Dominion Post (www.dompost.co.nz)*
- *Waikato Times (www.waikatotimes.co.nz)*
- *Manawatu Standard (www.manawatueveningstandard.co.nz)*
- *Daily News (www.thedailynews.co.nz)*

Südinsel

- *The Nelson Mail (www.nelsonmail.co.nz)*
- *The Marlborough Express (www.marlboroughexpress.co.nz)*
- *The Press (www.thepress.co.nz)*
- *The Timaru Herald (www.timaruherald.co.nz)*
- *Otago Daily Times (www.odt.co.nz)*
- *The Southland Times (www.southlandtimes.co.nz)*

Backpackerzeitschriften

Viele Jobagenturen, die sich auf kurzzeitige Jobs (short term job) und Gelegenheitsarbeit (casual work) spezialisiert haben, inserieren in den kostenlosen Magazinen.

- Wer **Friseur** ist – oder zumindest Haare schneiden kann – bietet seine Dienste im Hostel für andere Backpacker an.
- Als guter **Koch** kann man für andere Backpacker im Hostel mitkochen – und dafür einen Obolus verlangen.
- Bei großen **Veranstaltungen, Messen und Jahrmärkten** können die Aussteller immer ein paar Helfer gebrauchen.
- Einige **Reiseveranstalter** machen sich die Fremdsprachenkenntnisse der Backpacker zunutze. Für die sprachliche Betreuung der ausländischen Touristen kann man Touren umsonst mitmachen und bekommt Essen und Unterkunft gestellt.

036ns Abb.: jk

Endlos viele Weinpflanzen warten darauf, in Form gebracht zu werden

- **Autovermieter** brauchen in der Hochsaison mehr Personal, um den Fuhrpark zu reinigen.
- Wer ein eigenes Fahrrad hat, kann sein Glück in den größeren Städten als **Fahrradkurier** versuchen. Kurierfirmen stehen in den Gelben Seiten, einfach anrufen und nachfragen.

Jobagenturen

In Neuseeland gibt es vor allem in den **größeren Städten** private Jobvermittlungsagenturen *(job, recruitment* oder *employment agencies).* Adressen findet man in den Gelben Seiten oder in Backpackermagazinen. Einige Agenturen haben sich auf die Vermittlung von Backpackern spezialisiert, andere kümmern sich um spezielle Berufsgruppen. Entweder zahlt man eine Bearbeitungsgebühr oder einen Mitgliedsbeitrag, um betreut zu werden.

Einige Jobagenturen, die sich um Backpacker kümmern:

- ***Mid Canterbury Employment Services*** *(www.mces.co.nz)*
- ***New Zealand Job Search*** *(www.nzjs.co.nz)*
- ***Jobs Central*** *(www.jobscentral.co.nz)*
- ***Queenstown Recruitment Agency*** *(www.addstaff.co.nz)*
- ***Providore Hospitality Recruitment*** *(www.providore.co.nz)*
- ***Enterprise Recruitment*** *(www.enterprise.co.nz)*
- ***Manpower*** *(www.manpower.co.nz)*

Wenn man sich bei einer Jobagentur vorstellt, ist der erste Eindruck entscheidend – egal ob man eine E-Mail schickt, anruft oder persönlich hingeht. Eine aufgeschlossene und motivierte **Ausstrahlung** ist wichtig. Bei einem persönlichen Gespräch zählt natürlich auch die äußere Erscheinung. (Wer im

Servicebereich arbeiten will, sollte sowieso am besten eine schwarze Hose und schwarze Schuhe im Reisegepäck haben.) Der Agent bekommt den Lebenslauf und wenn möglich Zeugnisse in Englisch. Die Unterlagen sollten so gut sein, dass man dem Agenten in Erinnerung bleibt. Dazu trägt auch regelmäßiges Nachfragen bei.

Jobinformationen im Internet
- *www.workandincome.govt.nz*
- *www.travellersnz.com*
- *www.job.co.nz*
- *www.netcheck.co.nz*
- *www.seasonalwork.co.nz*
- *www.seek.co.nz*
- *www.bbh.co.nz*

Fruit-picking

Nicht unbedingt der beliebteste – aber mit Abstand der häufigste – Job für Backpacker ist die Arbeit als **Erntehelfer.** Wenn man zur richtigen Zeit am richtigen Ort ist, findet man leicht Arbeit.

▼ Als Erntehelfer findet man leicht einen Job – hier bei der Olivenernte

033ns Abb.: nr

Geld verdienen und sparen

Es gibt so genannte **Working Hostels,** die mit Farmern in Kontakt stehen und Jobs an Leute vermitteln, die sich im Gegenzug in diesem Hostel einquartieren. Auch in normalen Hostels findet man Aushänge, wenn Erntehelfer gesucht werden. In einigen Orten gibt es während der Erntezeit einen **zentralen Treffpunkt,** an dem sich frühmorgens alle Arbeitswilligen einfinden. Die Farmer suchen sich ihre Arbeitskräfte aus und man kann gleich mitkommen. Bewährt man sich, ist man am nächsten Tag wieder mit dabei. Sind die Arbeitskräfte knapp, fahren die Farmer auch Hostels und Campingplätze an und fragen nach Helfern.

Andere Backpacker haben vielleicht schon einen Job und können dementsprechend Tipps zu den **Arbeitsbedingungen** geben – also immer nachfragen.

Die **Erntearbeit** unterscheidet sich hauptsächlich in selektieren oder abernten *(select picking oder strip picking),* vom Baum oder vom Boden ernten *(tree picking oder ground picking)* und die Bezahlung nach Stundenzahl oder geernteter Menge *(per hour oder per volume).*

Die Erntearbeit ist, besonders durch die **Witterungsverhältnisse,** die stark schwanken können, recht anstrengend. Mit etwas Glück ergattert man einen Sortier- oder Packjob im Arbeitsschuppen *(shed)* und kann somit seine Arbeit unabhängig vom Wetter verrichten.

Hinweise zum richtigen Fruit-picking

Bei der Erntearbeit sollte man unbedingt einiges beachten. Möglichst viel trinken, ordentlich mit Sonnenschutz eincremen (mehrmals!), einen Hut, festes Schuhwerk und nach Möglichkeit lange Hosen, ein langärmliges Hemd und Handschuhe tragen und die ersten Tage einfach durchhalten.

041ns Abb.: aa

Zespri liefert Kiwifrüchte in über 60 Länder – vielleicht findet sich in dieser Firma ein Job?

Bewerbungstipps

Der Lebenslauf

Man muss sich in Neuseeland nicht für jeden Job mit einem Lebenslauf bewerben. Trotzdem sollte man auf alle Fälle zu Hause einen vorbereiten.

Der **englische Resume oder CV** (Curriculum Vitae) beginnt immer mit der aktuellen Situation. Nach den Angaben zur Person (Name, Date of Birth, Nationality, Marital Status etc.) folgt der zuletzt ausgeübte Job sowie weitere Tätigkeiten in rücklaufender Reihenfolge. Danach stehen Studien- und Schulabschlüsse, gefolgt von besonderen Fähigkeiten (Computer- und Sprachkenntnisse etc.) und Interessen. Der Lebenslauf sollte maximal zwei Seiten lang sein. Ein Passbild ist bei Bewerbungen in Neuseeland nicht üblich.

Zum Schluss kommen noch **Referenzen.** Im englischsprachigen Raum sind sie üblich und gern gesehen. Das können schriftliche Beurteilungen oder Kontaktangaben von Personen sein, die einen als Student, Azubi oder Arbeitnehmer gut kennen und einschätzen können. Bei Referenzen außerhalb Neuseelands die E-Mail-Adressen angeben.

Gute **Zeugnisse** können auch nicht schaden. Wenn man die wichtigsten ins Englische übersetzt, ist man auf der sicheren Seite. Ob es allerdings eine beglaubigte Übersetzung und beglaubigte Kopien sein müssen, ist fraglich. Bei den üblichen Gelegenheitsjobs braucht man sie nicht.

Einige **Kopien** von Lebenslauf, Referenzen und Zeugnissen sollte man immer bereithalten. Nützlich ist auch die Speicherung der Daten, da Adressänderungen oder Zusätze notwendig werden können. Entweder auf Diskette oder im Internet, da sowieso nur in wenigen Internetcafés eigene Disketten verwendet werden dürfen. Man kann sich den Lebenslauf einfach selber per E-Mail schicken. So hat man ihn für Online-Bewerbungen gleich parat.

Das Anschreiben

Das Anschreiben sollte kurz gehalten werden und nie länger als eine Seite sein. Es ist die beste Möglichkeit, die **Aufmerksamkeit** und das Interesse des potenziellen Arbeitgebers zu erwecken. Wichtig ist, keinen Standardbrief zu verschicken, sondern individuell auf das Unternehmen oder die Jobagentur einzugehen. Man sollte kurz seine Fähigkeiten und Berufserfahrung hervorheben und dabei auf die Anforderungen der ausgeschriebenen Stelle, auf die man sich bewerben möchte, eingehen. Alternativ wird man das Arbeitsgebiet beschreiben, in dem man eine Beschäftigung sucht. Eine nette Dankeszeile für das Interesse und alle Kontaktmöglichkeiten dürfen nicht fehlen.

Das Vorstellungsgespräch

Ob man zu einem Gespräch *(interview)* geladen wird oder sich initiativ vorstellt, ein **positiver erster Eindruck** ist entscheidend. Dazu gehört eine ge-

▲ *Durch das Arbeiten auf Farmen lernt man nicht nur interessante Neuseeländer, sondern auch etliche Tiere kennen*

pflegte Erscheinung und eine offene, selbstbewusste Haltung. Wer gut vorbereitet in ein solches Gespräch geht, hat schon halb gewonnen. Broschüren, Internetseiten oder auch die Stellenanzeige geben Auskunft über Firma und Arbeitsbereiche. Man sollte sich Fragen zurechtlegen, schon Antworten auf mögliche Fragen des Arbeitgebers überlegen, Blickkontakt halten und locker bleiben.

Wenn es doch nicht klappen sollte, weil z.B. gerade keine Stelle frei ist, kann man seine Kontaktangaben dalassen und ruhig nach Tipps und Empfehlungen für andere Jobs fragen.

Wwoofing and Helping

Wwoofing ist eine wunderbare Möglichkeit zu reisen, Geld zu sparen und interessante Neuseeländer kennen zu lernen. Wwoof steht für **Willing Workers on Organic Farms** (etwa: freiwillige Arbeiter auf ökologischen Bauernhöfen). Es bedeutet, dass man auf Farmen Unterkunft und Essen bekommt und dafür einige Stunden am Tag arbeitet. Man verdient dabei kein Geld. Trotzdem empfiehlt WWOOF ein Working Holiday Visum fürs wwoofen.

Einen Mitgliedsantrag kann man über die Wwoof-Website oder in einigen Hostels oder Reisebüros stellen. Die **Mitgliedschaft** ist für ein Jahr gültig, kostet ca. 40 $ und schließt eine kleine Unfallversicherung ein. Man erhält das **WWOOF Book** inklusive Mitgliedsnummer, das gleichzeitig als Nachweis der Mitgliedschaft dient. Im Buch stehen Adressen und Beschreibungen von über 800 Gastgebern *(hosts)* aus ganz Neuseeland.

Nicht alle Farmen betreiben tatsächlich Land- oder Viehwirtschaft bzw. arbeiten streng biologisch. Manchmal kann eine „Farm" ein **Haus mit Garten** in der Stadt, ein **Familienbetrieb mit Ferienwohnungen** oder eine **Nudistenkommune** und der „Farmer" ein Künstler, Rettungssanitäter oder Yogalehrer sein.

Wenn man bei den Beschreibungen ein bisschen zwischen den Zeilen liest, wird man schnell merken, welcher Gastgeber zu einem passt. Es gibt **keinen Vertrag** zwischen Wwoofer und Gastgeber und die **Absprachen** erfolgen im gegenseitigen Einvernehmen. Man muss sich immer bewusst machen, dass die Gastgeber bereit sind, wildfremde Leute bei sich aufzunehmen und sollte sich dementsprechend respektvoll verhalten.

Telefonische Anfrage
Man sollte unbedingt ein paar Tage vorher bei den Farmen anfragen, ob ein Wwoofer gebraucht wird. Gerade in beliebten Reisegebieten ist man meist nicht gleich bei der ersten Anfrage erfolgreich.

In den meisten Fällen wird man ganz selbstverständlich in den **Familien- und Farmalltag** integriert und kann viel über die neuseeländische Lebensweise herausfinden. Viele Wwoofing Hosts sind sehr an kulturellem

Austausch interessiert. Außerdem erhält man Gelegenheit, sich so interessanten und nützlichen Dingen, wie Ziegen melken, Bäume pflanzen, Kuhtröge säubern oder Hühnerställe bauen, Gemüsegärten pflegen, Kochen oder anderen Haushaltsarbeiten zu widmen.

Im Durchschnitt werden vier bis sechs Stunden **Mitarbeit** am Tag erwartet. Die Mithilfe im Haushalt sollte selbstverständlich sein. Einige Farmen geben gewünschte Minimum- oder Maximumaufenthalte an. Ein Aufenthalt von nur 1–2 Tagen lohnt sich für viele Farmen nicht, da es einige Zeit braucht, bis der Wwoofer mit dem Farmalltag vertraut ist.

Hat man eine **schlechte Wahl** getroffen und fühlt sich auf der Farm überhaupt nicht wohl, ist man

039ns Abb.: ar

◀ *Und noch eine nette Wwoof-Bekanntschaft*

nicht zum Bleiben verpflichtet. Wenn die Bedingungen für Wwoofer dort wirklich schlecht sind, sollte man sich auch nicht scheuen und das „schwarze Schaf" WWOOF New Zealand melden.

- ***WWOOF,***
  PO Box 1172, Nelson, Neuseeland, Tel. und Fax +64 3 5449890, support@wwoof.co.nz, www.wwoof.co.nz

Andere Organisationen, die Hilfskräfte vermitteln

- ***FHiNZ (Farm Helpers in New Zealand):*** *Auf der Website kann ein Heft mit Adressen von 190 Hosts zum Preis von 25 $ erworben werden. FHiNZ Headquarters, 16 Aspen Way, Palmerston North, Neuseeland, Tel. und Fax +64 6 3550448, info@fhinz.co.nz, www.fhinz.co.nz*
- ***Help Exchange:*** *Die Organisation stellt im Internet eine kostenlose Datenbank zur Verfügung, auf die zugegriffen werden kann, nachdem man sich auf der Homepage kostenfrei hat registrieren lassen. www.helpx.net*

▼ Ein Wohnwagen ist eine willkommene Unterkunft für Backpacker

040ns Abb.: ar

Volunteer work

Eine weitere Möglichkeit, die Zeit in Neuseeland sinnvoll zu nutzen und etwas für das Gemeinwohl zu tun, ist **Freiwilligenarbeit.** Es gibt verschiedene Organisationen, die Workshops durchführen und dafür fleißige Hände brauchen.

In Workcamps kann man gemeinsam mit Einheimischen und anderen Freiwilligen aus aller Welt aktiv die Umwelt schützen. Meist muss man allerdings einen Teil der Kosten für Unterkunft, Transport und Verpflegung selbst tragen. Als Gegenleistung gibt es dafür jede Menge Spaß, neue Kontakte und interessante Erfahrungen sowie ein gutes Gewissen.

Der New Zealand Trust for **Conservation Volunteers** ist Mitglied der International Conversation Volunteers Alliance und koordiniert und unterstützt neuseeländische Non-Profit-Organisationen.

- ***New Zealand Trust for Conversation Volunteers,*** *Three Streams, RD 3 Albany, Neuseeland, Tel. und Fax +64 9 415 9336, conservol@clear.net.nz, www.conservationvolunteers.org.nz*
  Auf der Website findet man auch Links zu weiteren neuseeländischen Naturschutzorganisationen und die Anschriften der neuseeländischen Environment Centre.

Servas und kostenlose Übernachtung

Servas ist eine **internationale Organisation,** die für Frieden und soziale Gerechtigkeit eintritt. Um Verständigung und Toleranz zwischen den Völkern zu verbessern, fördert sie Kontakte von Mensch zu Mensch. Auch in Neuseeland gibt es Gastgeber, die Servas-Mitglieder in ihrem Heim aufnehmen.

Um **Mitglied** zu werden, muss man mindestens 18 Jahre alt und tolerant sein und sich auf Englisch (für Neuseeland) unterhalten können. Etwa zwei Monate vor der geplanten Reise sollte man mit dem zuständigen Servas-Koordinator schriftlich Kontakt aufnehmen. Man bekommt einen *Letter of Introduction (LOI)*, in dem man Angaben zu seiner Person macht. Danach wird mit einem Interviewer ein **Informationsgespräch** durchgeführt. Der nach dem Gespräch bestätigte LOI gilt als Ausweis und ist ab Reiseantritt für ein Jahr gültig. Die Gebühr für das Reisen mit Servas beträgt ungefähr 20 € zuzüglich des Fördermitglieds-Beitrages von ca. 10 €. Servas-Reisende, die in der aktuellen Gastgeberliste eingetragen sind, zahlen nur die Hälfte. Es besteht aber zu keinem Zeitpunkt die Verpflich-

Kostenlose Übernachtung

Weitere Organisationen, die kostenlose Schlafplätze vermitteln:

- *www.hospitalityclub.org*
- *www.couchsurfing.com*
- *www.sabbaticalhomes.com*

▼ *Der Unterkunftskomfort ist von Gastgeber zu Gastgeber ganz unterschiedlich*

042ns Abb.: aa

tung, selbst **Gastgeber** zu werden. Man bekommt eine Liste der Gastgeber des Landes, das man bereisen will. Dort sind neben Adressen auch Fremdsprachenkenntnisse, Reiseerfahrungen, Interessen und Bedingungen der Gastgeber aufgeführt.

Wenn nicht speziell angegeben, sollte man sich mindestens einige Tage vor der geplanten Ankunft anmelden. Nicht immer klappt es gleich bei dem Host, den man sich ausgesucht hat. Gerade in populären Reisegebieten ist die Nachfrage größer als das Angebot, während sich Hosts in entlegeneren Gebieten mehr Gäste wünschen. In der Regel ist man für zwei Nächte eingeladen. Der **kulturelle Austausch,** also das persönliche Interesse an dem Leben der Gastgeber und Gäste, soll im Mittelpunkt stehen. Wer nur eine kostenlose Unterkunft sucht, ist bei Servas an der falschen Stelle. Man sollte nicht mit leeren Händen zu Besuch kommen und sich selbstverständlich in den Alltagsablauf der Gastgeber integrieren. Vielleicht bringt man ein kleines Geschenk mit oder kocht ein typisches Gericht aus der Heimat. Wenn man die Gastgeberliste zusammen mit dem **Reisebericht** spätestens vier Wochen nach Reiserückkehr an Servas zurückschickt, erhält man die Pfandgebühr von 30 € für die Liste zurück.

- ***Servas Germany,*** *21629 Neu Wulmstorf, Birkenweg 30 d, www.servas.de (mit Adressen der regionalen Koordinatoren)*

Schnäppchen

Nach dem Motto: „Wer viel fragt bekommt auch viel Rabatt" sollte man immer nach Ermäßigungen *(discounts)* für Backpacker fragen. Die **YHA-, BBH- oder VIP-Cards** erweisen sich dabei als wahre Goldgruben. Auch ein **internationaler Studentenausweis (ISIC)** kann hilfreich sein, da manche Institutionen Rabatte nur an Studenten geben. Auf jeden Fall bekommen Backpacker **Ermäßigungen** bei den großen Bus- und Zuggesellschaften, vielen Reiseveranstaltern, Autovermietungen, in einigen Geschäften für Outdoor Ausrüstung und Kleidung, Kinos, Museen, Ausstellungen, Cafés u. v. m.

Auch mit einer **Mitgliedskarte des ADAC, ÖAMTC oder TSC** kann man sparen. Die New Zealand Automobile Association bietet Mitgliedern anderer Automobilclubs Beratung und Hilfe bei technischen Problemen, Rabatte z. B. bei der Buchung von Unterkünften und kostenloses Karten- und Infomaterial. Günstig Autofahren kann man bei **Autovermietungen** mit einem *relocation car.* Wer den Wagen für den Vermieter an eine andere Vermietstation zurückfährt, zahlt nur einen Teil des normalen Mietpreises.

Man sollte auch immer nach **Happy-Hour-Angeboten** (z. B. in Internetcafés und Pubs) Ausschau halten. In einigen **Bibliotheken** hat man sogar gratis Zugang zum Internet (meist mit vorheriger Anmeldung und Zeitbeschränkung). **Stempelkarten** sind in Neuseeland weit verbreitet. Für einige Male Internetnutzung oder Kaffeetrinken sammelt man auf seiner Karte Stempel und darf dann umsonst surfen bzw. bekommt einen Kaffee gratis.

Für das leibliche Wohl kann man einiges an **Essen und Trinken** ergattern. So werden z. B. an den Universitäten oft neu auf den Markt gekommene Schokoriegel oder Ähnliches zum Probieren verteilt. Auch in den Supermärkten stehen fast immer kleine Werbestände, an denen man verschiedene Nahrungsmittel kostenlos testen kann. Etliche Hostels locken Gäste mit kostenlosem Frühstück (sehr beliebt sind Pancakes). Wer sich beim Karaoke (auch recht beliebt) mutig auf die Bühne wagt, bekommt nicht selten Getränkegutscheine. Oder man erledigt mal schnell den Abwasch eines Restaurants und bekommt dafür ein leckeres Essen und ein Bier. Bei Informationsabenden von Reiseveranstaltern wird meist mit *free (alcoholic!) drinks* gelockt.

Und wer unbedingt mal wieder zum **Friseur** muss, kommt als Haarmodell nicht nur schöner, sondern vielleicht sogar ohne Bezahlung aus dem Salon.

Wer einen Job in einem Hostel hat oder anderweitig in der **Tourismusindustrie** tätig ist, hat oft die Möglichkeit, kostenlos oder für stark reduzierte Preise an Aktivitäten teilzunehmen, in anderen Hostels zu übernachten oder Autos bei Vermietungen zu erhalten. Wer also einen solchen Job hat, sollte einfach nachfragen, ob es Rabatte für ihn gibt oder ob er das Angebot kostenlos ausprobieren kann, um es später weiterempfehlen zu können.

Schnäppchen im Internet
www.nz.lastminute.com

The Villa
BACKPACKERS GUEST HOUSE
Oasis for the weary traveller
FREE BREAKFAST
HOT SPAS
BOOKING OFFICE
TRACK INFORMATION
NO VACANCY
www.thevilla.co.n

Unterkünfte für Backpacker

Hostels

Arten von Hostels

Hostels – Unterkünfte für Backpacker – gibt es in Neuseeland jede Menge. Auch in kleinen Orten findet man fast immer eine Bleibe. Viele der Hostels sind in Netzwerken organisiert. So unterstehen die **YHA Hostels** der neuseeländischen Jugendherbergsorganisation (Youth Hostel Association), während z.B. die **BBH oder VIP Backpacker Resorts** unabhängige Backpacker Hostels (kurz: *Backpackers*) sind, die von ihren Eigentümern auch selbst bewirtschaftet werden.

Die **Ausstattung** und Atmosphäre der Hostels reicht von sehr groß bis ganz klein, von altmodisch bis modern, von familiär bis unpersönlich, von sehr ruhig bis partylaut und von steril bis dreckig.

Suchmaschinen und Netzwerke

- ***Budget Backpacker Hostels*** *(www.bbh.co.nz): Netzwerk von über 300 Hostels. Die Mitgliedskarte – gleichzeitig auch Telefonkarte – sichert viele Vergünstigungen. Der kostenlose BBH Guide listet alle Hostels geographisch sortiert von Norden nach Süden auf, mit detailierter Beschreibung und zuverlässiger Bewertung.*
- ***VIP Backpackers*** *(www.vip.co.nz): Die Mitgliedskarte bietet in der Regel die gleichen Vorteile und Vergünstigungen wie die BBH-Karte, es gibt jedoch wesentlich weniger Hostels, auf die zurückgegriffen werden kann.*
- ***Youth Hostel Association*** *(www.yha.co.nz): Die YHA-Karte, die bereits zu Hause durch eine Mitgliedschaft erworben werden kann, eröffnet die Möglichkeit zu vielen Rabatten. Eine kostenlose Übersichtskarte listet alle YHA Hostels in Neuseeland.*
- ***Nomads*** *(www.nomadsworld.com)*
- ***YMCA*** *(www.ymca.org.nz)*
- ***YWCA*** *(www.ywca.org.nz)*
- *Hostels weltweit (www.hostels.com)*

Die **Preise** variieren stark je nach Ausstattung und Lage von ca. 12 $ bis über 30 $, wobei der Durchschnitt etwa bei 19 $ liegt. Viele Hostels bieten günstige Wochentarife an. Allerdings bekommt man in der Regel keine Rückerstattung, wenn man seine Pläne ändert und vorzeitig auschecken will. Gute Hostels haben kein Problem, wenn man sich vor der Bezahlung erst mal umschaut.

Oft hat man die **Qual der Wahl,** wenn es um die Unterkunft geht. Viele Hostels werben mit Flyern, Websites oder Anzeigen. Hilfreich sind die Empfehlungen anderer Reisender. Der **BBH Guide** für die Budget Backpacker Hostels ist in der Bewertung der Unterkünfte sehr zuverlässig, da die Ratings von anderen Backpackern per Umfrage ermittelt werden.

043ns Abb.: jk

▲ *Die BBH-Mitgliedskarte ist eine wahre Goldgrube für Backpacker*

Ansonsten gelten die Regeln (die ohne Ausnahmen keine wären), dass Hostels im Stadtzentrum lauter sind als die am Stadtrand. In großen herrscht eine anonymere Atmosphäre als in kleinen. Werden Jobs vermittelt, geht es schon frühmorgens geschäftig zu. In **YHAs** wird man öfter auf Familien und ältere Reisende und damit eine andere Atmosphäre als in Backpacker-Hostels treffen.

Die Ausstattung der YHAs, die der Kontrolle des **Internationalen Jugendherbergsverbandes** unterliegen, ist meist sehr gut.

Die eigene Entscheidung richtet sich also nach persönlichen Ansprüchen und der Situation im Geldbeutel. Das teure, am besten ausgerüstete Hostel ist nicht immer die beste Wahl.

Ausstattung

Standardausstattung

Zur Standardausstattung eines Hostels gehören Rezeption, Gemeinschaftsküche, Aufenthalts- und Fernsehraum, Schlafräume, Waschräume und eine Möglichkeit zum Wäschewaschen. Viele Hostels bieten Internet- und Telefonzugang für die Gäste. Sogar hauseigene Cafés, Bars, Restaurants oder Reisebüros findet man in einigen Häusern.

Das Buchen von Touren wird oft auch an der Rezeption angeboten. Dort gibt es neben Stadtplänen, Broschüren und Tipps auch ein schwarzes Brett für Nachrichten, Gesuche und Angebote. Der 24-Stunden-Zutritt für Gäste *(no curfew)* – sei es durch einen Nachtportier, eigene Schlüssel oder ein Türschloss mit Zahlencode – ist mittlerweile Standard.

Schlafräume

Die Schlafräume unterscheiden sich in:

- *dormitory*, kurz *dorm* (mit mehreren Freunden)
- *twin* (mit einem guten Freund)
- *double* (mit einem sehr guten Freund)
- *single* (wenn man mal Ruhe braucht von all den Freunden)

Nicht jedes Hostel bietet jedoch alle Zimmervarianten. In den *dorms* stehen meist Doppelstockbetten *(bunk beds)*. Bietet ein Hostel verschieden große *dorms* an, wird man für ein Bett im 4er *dorm* etwas mehr zahlen als im 6er, 8er usw. (Skala der Bettenanzahl nach oben fast offen). Die 2er- und Single-Zimmer kosten entsprechend mehr als ein Bett im *dorm*. Während in den YHAs in der Regel getrennte Schlafräume für Männlein und Weiblein Vorschrift sind, gibt es in Backpacker Hostels oft gemischte

▲ *Die Übernachtung im Mehrbettzimmer ist günstig und man kann schnell neue Freunde finden*

Schlafräume. Viele Hostels bieten aber einen extra Schlafraum nur für Frauen an.

Küche

Die Küchen haben mehr oder weniger ausreichende Küchenutensilien zur freien Verfügung. Nach der Benutzung ist man angehalten, alles aufzuwaschen und zurückzustellen. Für die Lebensmittelaufbewahrung gibt es Regale und Kühlschränke. Alles soll in Tüten (in jedem Supermarkt wird man damit zugemüllt) verpackt werden. Die Hostels haben verschiedene Methoden, um sich vor faulenden Lebensmitteln zu schützen. Einige vertrauen auf die Beschriftung der Tüten mit Namen und Abreisedatum, andere auf die Beklebung mit bunten Punkten. Manche Kühlschränke oder Regale werden an einem festgelegten Wochentag leer geräumt. Sehr beliebt ist das Kostenlos Fach *(free food shelf)* – bei den übriggebliebenen Speisen kann sich jeder bedienen. Das Kochen in den Hostels ist normalerweise kein Problem. Herdplatten, Töpfe und Pfannen wird man immer vorfinden. Auch Wasserkocher und Toaster gehören zum Standard. Eine Mikrowelle ist dagegen die Ausnahme.

Wäscherei

Die meisten **Waschmaschinen** in den Hostels *(laundry facilities)* waschen nur mit kaltem Wasser. Sie funktionieren per Münzeinwurf. Kleine Waschmittelpäckchen kann man vor Ort aus dem Automaten ziehen oder an der Rezeption kaufen. **Trockner** gibt es eigentlich auch immer. Sie nehmen ebenfalls Münzen – und nicht zu wenig. Meist kann man sich ein Bügeleisen ausleihen. Einige Hostels haben auch Wäscheleinen im Freien. Bei dieser kostenlosen Trockenmöglichkeit kommen aber leider ab und zu Kleidungsstücke abhanden.

Reservierung und Einchecken

Es ist ratsam, ein Bett oder Zimmer einen Tag vor der Anreise zu reservieren. In Spitzenzeiten sollte das sogar 3–4 Tage vorher sein. Einige Hostels bieten einen kostenlosen **Abholservice** *(pick-up)* von Bus oder Bahn, den man bei der Reservierung vereinbaren kann. Beim Einchecken wird in der Regel ein **Pfand** *(key deposit)* von einigen Dollar für den Zimmerschlüssel bzw. die Chipkarte verlangt, den man beim Auschecken wiederbekommt. Pfand muss man manchmal auch für einen Satz Geschirr und Besteck hinterlegen.

Sicherheit

Man muss in Hostels grundsätzlich immer gut auf seine Sachen aufpassen. Nicht nur Geld oder Kreditkarten, auch Kleidung, Bücher, Handys, Fotoapparate – also ziemlich alles, was nicht niet- und nagelfest ist – wird leider nur zu gern mitgenommen. Etliche Hostels haben in den Zimmern mittlerweile **Schließfächer,** die man mit einem kleinen Schloss absichern kann. (Es ist ratsam, immer ein kleines Vorhängeschloss dabeizuhaben, da es in einigen Hostels Spinde gibt, aber keine Schlösser dazu.) In einigen Hostels kann man Wertgegenstände an der Rezeption deponieren. Außerdem wird die Aufbewahrung von Gepäck angeboten, wenn man z. B. eine Tour unternimmt oder früh auschecken muss und erst später weiterreist.

Camping

Zelten ist noch etwas preiswerter, als in Hostels zu übernachten. Man kann in so genannten **Caravanparks** mit all ihren Annehmlichkeiten wie Rezeption, Toiletten mit Wasserspülung, Duschen, Waschmaschinen und meist auch Gemeinschaftsküchen oder zumindest öffentlichen Barbecues campen. Oftmals ist es auch möglich, dort preiswert so genannte *cabins* zu mieten, das kommt einer Unterkunft in einem Dorm im Hostel gleich.

Des Weiteren gibt es über 250 mit dem Auto erreichbare **Campingplätze,** die von dem Department of Conservation (DOC) betreut werden. Es gibt drei Arten von Campingplätzen. **Bewirtschaftete Plätze** (S), mit fließend warmem Wasser, spülbaren Toiletten, Duschen, Küche, Waschmaschine, kleinem Geschäft, Strom und Zugang für alle Fahrzeuge. Die Campingplätze **mit Standardausstattung** (ST) haben lediglich Toiletten, Wasserversorgung, Zugang für Fahrzeuge, Mülleimer und ggf. Picknicktische und Feuerstellen. Die **einfachsten Plätze** (I) haben eine Toilette und Wasserangebot, das möglicherweise nur in Form eines Baches vorhanden ist.

045ns Abb.: aa

Die **Preise** pro Nacht hängen von der Kategorie der Campsite ab. Plätze der Kategorie S haben ein Preisspektrum von 8 \$–12 \$ pro Person und Nacht. 3 \$–10 \$ zahlt man auf ST-Plätzen und Campsites der Kategorie I sind kostenlos. Die Bezahlung erfolgt entweder direkt an einen Mitarbeiter vor Ort oder indem man auf den einfacheren Plätzen das Geld für die Übernachtung in eine kleine Box legt.

Für **Reisende mit Wohnmobil** gibt es ein Angebot der New Zealand Motor Caravan Association (NZMCA): Sie bietet Mitgliedern (möglich, wenn man auch zu Hause einer solchen Organisation angehört) für 150 \$ einen Pass an, der ein Jahr gilt und mit dem die meisten Plätze der Kategorie ST und die Campsites, die per Fahrzeug erreichbar sind, kostenlos genutzt werden können.

Wer gerne im eigenen Zelt oder Campervan übernachtet und dennoch nicht den **Komfort eines Hostels** missen möchte, kann in Neuseeland in vielen Backpackern sein Zelt im Garten aufschlagen bzw. seinen Campervan vor dem Haus parken. Zu einem günstigen Preis stehen einem dann die gesamten Einrichtungen des Hostels zur Verfügung.

- ***Department of Conservation,*** *www.doc.govt.nz*
- ***The New Zealand Motor Caravan Association,*** *www.nzmca.org.nz*

Huts

Eine weitere Übernachtungsmöglichkeit bieten die zahlreichen **Hütten.** Das DOC betreut über 950 Huts im ganzen Land. Die Hütten haben verschiedene Größen und Standards und werden in vier Kategorien unterteilt. **Great Walk Huts** (GW), hierfür schwanken die Preise pro Person pro Nacht zwischen 10 $–45 $ abhängig von der Saison. Bei den **Serviced Huts** (SV) reichen die Preise von 10 $–35 $. Die **Standard Huts** (ST) sind vom Komfort schon wesentlich eingeschränkter und somit preislich auch sehr viel günstiger. Eine Nacht kostet hier 5 $. Für die **Basic Huts** oder Bivvys werden keine Übernachtungskosten berechnet, sie sind oft nur Holzhütten ohne Einrichtung.

Um die GW-Hütten benutzen zu können, benötigt man einen **Great Walk Pass.** Dieser sollte vor der Ankunft in der Hütte in einem Büro des DOC oder im Internet erstanden werden. Wer dies versäumt, muss mit einem Aufpreis von bis zu 100% rechnen, um ihn beim Ranger vor Ort erwerben zu können. Für die Hütten der SV- und ST-Kategorie benötigt man einen **Backcountry Hut Pass,** der zum Preis von 90 $ erstanden werden kann und für ein Jahr gültig ist, oder Backcountry Hut Tickets.

Bei der **Benutzung der Hütten** ist zu beachten, dass es sich um sehr einfache Unterkünfte handelt. Leintücher, Geschirr und Ähnliches gibt es in der Regel nicht, darum sollte man unbedingt einen

Weitere öffentliche Hütten
Unabhängig vom DOC gibt es einige Hütten von Vereinen, die auch für die Öffentlichkeit zugänglich sind:

- ***Federation Mountain Clubs of New Zealand,*** *www.fmc.org.nz*
- ***New Zealand Alpine Club,*** *www.alpineclub.org.nz*

Schlafsack, Kochutensilien und Klopapier mitbringen. Bedenken sollte man auch, dass der produzierte Abfall nicht vor Ort entsorgt werden kann, sondern mitgenommen werden muss. Einige Hütten sind nur saisonal geöffnet bzw. es besteht **Buchungspflicht,** darum sollte vor Beginn der Tour überprüft werden, ob die Hütte verfügbar ist.

Mietwohnung

Wer längere Zeit an einem Ort bleiben möchte, spielt vielleicht mit dem Gedanken, ein Zimmer zu mieten. Entweder für sich allein oder mit ein oder zwei Leuten zusammen, wie es gerade in den teuren größeren Städten oft vorkommt. Eine eigene Wohnung ist dort fast unerschwinglich. Mitbewohnergesuche, Zimmer- und Wohnungsangebote findet man an den schwarzen Brettern (auch in Unis schauen), in den Tageszeitungen (Wohnungsmarkt meist sonnabends) und im Internet.

„share accommodation" online

- *www.finda.co.nz*
- *www.nzflats.co.nz*
- *www.trademe.co.nz/flathunt*
- *www.nzflatmates.co.nz*
- *www.nzherald.co.nz/classifieds*

Sonstige Nachtlager

Natürlich gibt es noch viele weitere Möglichkeiten, um in Neuseeland sein müdes Haupt zu betten. Je nach finanzieller Situation kann man sich vielleicht die Übernachtung im Hotel oder Motel leisten. Es gibt auch günstige Unterkünfte in Pubs, Lodges, Guest Houses und im Bed & Breakfast. Wem es im Zelt zu ungemütlich ist, der kann sich in den Caravanparks eine kleine Hütte (*cabin*) mieten.

Suchmaschine für Unterkünfte

- *www.wheretostay.co.nz*
- *www.kiwiaccommodation.com*

001ns Abb.: av

Unterwegs in Neuseeland

Den richtigen Weg finden

Wer in Neuseeland reisen möchte, wird eine Vielzahl von Möglichkeiten entdecken, wie er das Land erkunden kann. Durch die unglaublich hügelige Landschaft und die wenigen Tunnel und Brücken ist die Streckenführung der Straßen durchaus spektakulär, gleichwohl aber auch sehr kurvig. An hohe Geschwindigkeiten und ein schnelles Vorankommen ist dabei nicht zu denken. Ähnlich verhält es sich mit den Zugstrecken im Land. In Neuseeland, so scheint es, wurde nichts konzipiert, um von einem Ort schnell an den anderen zu kommen, sondern vielmehr, um die Zeit, die man für eine Reise beansprucht, zu genießen.

Es gibt viele Wege, in Neuseeland zu reisen, sei es mit dem eigenen Auto, einem Bus, einer Tourgruppe, dem Flugzeug, Schiff, Fahrrad oder zu Fuß. Neuseeland ist das Land der kurzen Entfernungen, das auf jedem Kilometer Abwechslung und wunderschöne Landschaft zu bieten hat. Und am besten überlegt sich jeder selbst, wie er die enorme Vielfalt am liebsten an sich vorbeiziehen sehen möchte.

Per Bus

Die **Fernbusse** *(coaches)* sind in der Regel die billigsten und auch gebräuchlichsten öffentlichen Verkehrsmittel. Der Nachteil ist, dass viele schöne Ecken des Landes leider nicht auf diesen direkten Routen liegen.

Die **größte Busgesellschaft,** die auf beiden Inseln Neuseelands verkehrt und auch weitgehend das ganze Land abdeckt, heißt Intercity. Das Northland auf der Nordinsel wird mit einigen Routen von der Gesellschaft Northliner bedient. Auf der Südinsel bieten mehrere **kleinere Busunternehmen** den großen Paroli und offerieren in kleineren Bussen teilweise günstigere Tarife zu besseren Konditionen, wie zum Beispiel den *door to door service,* wo man von der Haustür abgeholt und bis vor das Haus der Zieladresse gebracht wird.

Neuseeländische Busgesellschaften

- *www.intercitycoach.co.nz*
- *www.newmanscoach.co.nz*
- *www.northliner.co.nz (verbindet Auckland mit dem Northland)*
- *www.kiwitraveller.co.nz (Nordinsel)*
- *www.atomictravel.co.nz (Südinsel)*
- *www.kbus.co.nz (Südinsel)*
- *www.southislandconnections.co.nz (Südinsel)*
- *www.southernlinkcoaches.co.nz (Südinsel)*
- *www.coast2coast.co.nz (Südinsel)*

Fahrkarten erhält man in den Büros der Busgesellschaften, in Reisebüros oder direkt in den Hostels an der Rezeption. Man sollte das Ticket nicht zu kurzfristig kaufen, denn in der Hochsaison kann es vorkommen, dass die Busse voll sind.

Intercity bietet speziell auf Backpacker zugeschnittene **Buspässe** an. Mit dem „Coach Pass“

kann man festgelegte Routen abfahren, wobei man unterwegs beliebig oft aussteigen und wieder einsteigen kann. Es sind 16 Routen im Angebot zwischen denen man wählen kann. Der „Coach Pass“ ist allerdings nur für drei Monate gültig.

Mehr Flexibilität verspricht der „Flexi Pass“ - er ist zwölf Monate gültig. Hier kauft man eine bestimmte Anzahl von Stunden als Reisezeit, angefangen bei fünf Stunden gibt es das Angebot in Fünferschritten aufsteigend bis zu 60 Stunden. Je mehr Stunden man kauft, umso billiger wird es im Verhältnis. Sollte die Zeit abgelaufen sein, kann man den „Flexi Pass“ wie eine Telefonkarte wieder aufladen.

Sowohl für einfache Tickets als auch die Buspässe gibt es mit einem BBH-, YHA- oder VIP-Ausweis **Rabatt** von bis zu 15 Prozent. Die Pässe werden namentlich ausgestellt, können nicht umgetauscht oder zurückgegeben werden und sind eigentlich nicht übertragbar. Deshalb sollte man sich den Kauf, besonders bei den Routen-Pässen, vorher genau überlegen.

Der Travelpass

Eine weitere Option ist der Travelpass. Er kombiniert Bus, Bahn, Fähre und Flugzeug in einem Pass. Es gibt drei verschiedene Angebote:

- *2-in-One, gültig für Intercity und Newmans und eine Überquerung der Cook Strait mit der Fähre. Er hat eine Gültigkeit von 12 Monaten, die Preise staffeln sich nach den eigentlichen Reisetagen, die man kauft.*
- *3-in-One, gültig wie oben, nur zusätzlich noch eine Zugreise mit TranzScenic.*
- *4-in-One, zusätzlich zu der Zugreise kommt noch ein Inlandsflug hinzu.*

Weitere Informationen unter: www.travelpass.co.nz

Die Busfahrten

In den meisten Bussen ist das Essen und Trinken verboten. Lediglich Wasser ist an Bord erlaubt. Alle anderen Getränke und Nahrungsmittel sollten in den Gepäckfächern unter dem Bus verstaut werden. Zahlreiche Stopps und Pausen an Restaurants und Tankstellen bieten einem aber ausreichend Möglichkeit, kleinere oder größere Mahlzeiten zu sich zu nehmen. Bei fast allen Busgesellschaften gehören zu einer Reise durch Neuseelands wunderbare Landschaft auch die entsprechenden Informationen. So ist jeder Busfahrer gleichzeitig auch Reiseführer und erläutert manchmal mehr und manchmal weniger die Besonderheiten und Sehenswürdigkeiten auf der Strecke.

Mit dem Zug

Es gibt drei besondere Zugstrecken in Neuseeland, die vor allem wegen ihrer **wunderschönen Streckenführung** zu empfehlen sind: „The Overlander" von Auckland nach Wellington, „The TranzCoastal" von Picton nach Christchurch und „The TranzAlpine" von Christchurch nach Greymouth (s. a. S. 128). Wer sich entscheidet in Neuseeland mit dem Zug zu fahren, sollte das nicht tun, um schnell von einem Ort zum anderen zu kommen, sondern vor allem, um die wunderschöne Landschaft der Inseln zu genießen. Darum ist es zu empfehlen, einen Zug zu wählen, der tagsüber fährt. Die Züge verfügen teilweise über große Panoramafenster, **bequeme Sitzecken und Speisewagen.** Alle Wagen sind voll klimatisiert. Tagsüber wird die Reise durch Neuseeland von dem Zugpersonal kommentiert, um die Reisenden über die Besonderheiten und Sehenswürdigkeiten der Strecke aufzuklären.

The Overlander

Der Overlander legt eine Strecke von etwas mehr als 700 km zurück. Von Auckland nach Wellington benötigt er 12 Stunden, dabei durchquert er fast die ganze Nordinsel. Die großen Panoramafenster ermöglichen einen Blick auf die wundervolle Landschaft der Insel, darunter auch das Vulkanplateau mit dem noch aktiven Mount Ruapehu, unglaubliche Flussläufe und Schluchten. Der Zug passiert die weltberühmte Raurimu Spiral, ein Meisterwerk der Ingenieurtechnik, das mit einer spektakulären Streckenführung den Höhenunterschied von 636 Metern zwischen Raurimu und National Park überbrückt.

The TranzCoastal

Die Strecke führt von Picton, dem Ankunftsort der Fähre, nach Christchurch, der größten Stadt der Südinsel. Die etwa fünfstündige Fahrt bietet ein wahres Fest für die Augen. Die Strecke schlängelt sich durch Neuseelands atemberaubende Landschaft der Südinsel, wobei man in östlicher Richtung die Küste und den Pazifischen Ozean und in westlicher Richtung die Kaikura Bergkette bewundern kann. Auf der Route passiert der Zug 22 Tunnel und 175 Brücken.

The TranzAlpine

TranzAlpine ist eine der landschaftlich schönsten Eisenbahnstrecken der Welt. Die ca. 220 km lange Route führt von Christchurch nach Greymouth. Auf der etwa 4 ½-stündigen Fahrt werden 16 Tunnel und 5 Viadukte überquert, von denen das höchste 73 Meter hoch ist. Die Route führt von einer Küste der Südinsel zur anderen. Von Osten her durchquert man erst weite Ebenen und Farmland, gefolgt von den Schluchten des Waimakariri River. Anschließend überquert der Zug die Southern Alps und fährt schließlich durch Regenwald bis in die Küstenstadt Greymouth.

Man sollte rechtzeitig vor der Abreise da sein, um einchecken und große Gepäckstücke in einem separaten Gepäckwagen verstauen zu können. Die Züge fahren täglich, jedoch ist mit Verspätungen und kleineren Pannen unterwegs durchaus zu rechnen. Die **Tickets** sollten einige Tage im Voraus gebucht werden. TranzScenic bietet einen Pass an, den **Scenic Rail Pass,** mit dem man im gesamten Schienennetz beliebig oft für die Dauer der Gültigkeit fahren kann. Ein Vorteil des Passes ist, dass auch der Transport zwischen Nord- und Südinsel, die Überquerung der Cook Strait mit der Interislander Fähre, im Preis inbegriffen ist. In der Regel gibt es für Backpacker auch bei TranzScenic **Rabatte** mit der BBH-, YHA- oder VIP-Karte.

Infos zu den Zügen

- *TranzScenic (www.tranzscenic.co.nz)*

Mit der Fähre

Da Neuseeland aus mehreren **Inseln** besteht, bietet es sich an, ein Schiff zu benutzen, um von einer Insel auf die andere zu kommen. Die Fähren fahren mehrmals täglich von Wellington nach Picton. Der größte Anbieter ist Interislander, der mit dem Lynx

047ns Abb.: jk

◀ Mit der Fähre geht es von einer Insel zur anderen

die schnellste, aber auch teuerste Fähre zur Verfügung stellt, die die **Cook Strait** in ca. zwei Stunden überquert. Die günstigere, aber auch langsamere Variante sind die anderen Interislander-Fähren, sie benötigen ca. drei Stunden. Als Alternative gibt es noch Bluebridge, die etwas billiger sind, allerdings nicht ganz so oft fahren.

Wer **mit dem Auto** reist, kann auf allen diesen Schiffen sein Fahrzeug mitnehmen, der entsprechende Platz auf der Fähre sollte allerdings im Voraus gebucht werden.

Fährgesellschaften

- *www.interislander.co.nz*
- *www.bluebridge.co.nz*
- *www.foveauxexpress.co.nz (von Bluff nach Stuart Island)*
- *www.fullers.co.nz (von Auckland nach Waiheke Island und anderen Zielen im Hauraki Gulf)*
- *www.subritzky.co.nz (von Auckland nach Waiheke Island und Great Barrier Island)*

Im Flugzeug

Wer es in Neuseeland besonders eilig hat, kann auch mit dem Flugzeug fliegen. Die Fluggesellschaft, die fast alle größeren und auch kleineren Orte anfliegt, ist Air New Zealand.

Für den Sprung über die Cook Strait gibt es auch eine kleinere Gesellschaft, die von Wellington nach Picton fliegt. In Neuseeland gibt es außerdem ein großes Angebot an Rundflügen oder Scenic Touren, die einen Flug beinhalten.

Für entsprechend billige Angebote ist es zu empfehlen, sich vor Ort genau über die Preise und Konditionen zu informieren, da es meist für den gleichen Trip mehrere Anbieter gibt.

Fluggesellschaften

- *www.airnz.co.nz*
- *www.originpacific.co.nz*
- *www.qantas.co.nz*
- *www.soundsair.co.nz (Wellington-Picton)*

Mit Tourenanbietern

Wem das Reisen mit Fernbus, Zug oder Flugzeug zu langweilig und unpersönlich ist, der sollte sich die Angebote der Tourenanbieter anschauen. Viele Reiseveranstalter haben ihre Programme speziell auf Backpacker ausgerichtet. Dementsprechend bestehen die **Reisegruppen** auch meist aus jungen (oder zumindest jung gebliebenen) Leuten. Informationen zu diesen Touren findet man in Hostels (wo man meist gleich buchen kann), in Reisebüros, der Touristeninformation oder den Büros der Reiseveranstalter.

Bei den Touren gibt es alle möglichen **Varianten:** Halbtags oder ganztags, mehrere Tage bis hin zu Wochen lang kann man sich und nicht wenig Geld dem Reiseveranstalter anvertrauen. Einige Firmen werben gezielt mit kleinen Gruppen. Oft ist die Verpflegung im Preis inbegriffen. Geschlafen wird in Hostels, Hütten oder Zelten. Wer viele Infos möchte und viele Sehenswürdigkeiten in relativ kurzer Zeit sehen will, ist mit solchen Touren gut beraten.

▼ *Wer mit Tourenanbietern fährt, sieht nicht nur viel von Neuseelands Landschaft, sondern macht auch nette Bekanntschaften*

04ns Abb.: jk

Unterwegs

Wer es gern ein bisschen individueller mag, aber trotzdem nichts verpassen will, sollte sich für so genannte **On/Off-Touren** entscheiden. Dabei kann man auf einer gebuchten Route an diversen Orten aus- und später auch wieder einsteigen, solange man die gewünschten Stopps rechtzeitig der Telefonzentrale des Reiseveranstalters meldet. Die Routen führen an allen wichtigen Sehenswürdigkeiten entlang und die **Reiseleiter** *(tourguides)* kennen alles – von historischen Daten über die besten Bäcker und die schönsten Strände bis hin zu billigen Einkaufsmöglichkeiten für das Abendessen.

Neben Kiwi Experience (dem größten Anbieter, der fast das ganze Land abdeckt) gibt es noch das Magic Travellers Network oder Stray Travel. Des Weiteren gibt es etliche lokal operierende **Unternehmen** auf dem Markt. Je nach Anbieter kann man Pässe kaufen, Rundfahrten oder Teilstrecken buchen. Mit einer BBH-, YHA- oder VIP-Card bekommt man meistens Rabatt.

Tourenanbieter

Internetadressen von einigen Reiseveranstaltern für einen ersten Einblick in diese Art des Reisens:

- *www.kiwiexperience.co.nz*
- *www.straytravel.co.nz*
- *www.magicbus.co.nz*
- *www.bottombus.co.nz*
- *www.flyingkiwi.com*

Auto – kaufen oder mieten?

Mit einem eigenen Auto unterwegs zu sein, ist eine sehr beliebte Reiseart der Backpacker. Man ist **unabhängig** von Routen und Fahrplänen der öffentlichen Verkehrsmittel oder den festgelegten Abläufen der organisierten Touren. Wenn man für mehrere Monate (mind. 10 Wochen) in Neuseeland im Auto reisen will, ist der Kauf eines Autos in der Regel günstiger als eines zu mieten. Praktisch, wenn man mit mehreren Leuten ein Auto und damit die laufenden Kosten teilen kann.

Verkaufsangebote

Der neuseeländische **Gebrauchtwagenmarkt** ist rege. Oft kaufen sich Backpacker die Autos gegenseitig ab. Allerdings ist Vorsicht geboten. Viele dieser Autos sind 15–25 Jahre alt, schon mehrmals die Inseln rauf und runter gefahren und in mangelhaftem Zustand. Am sichersten ist, man lässt das Auto vor dem Kauf in einer Werkstatt durchchecken *(pre-purchase test)*. Zumindest sollte man zum Verhandeln jemanden mitnehmen, der sich mit Autos etwas auskennt. Eine Probefahrt mit dem Auto ist ein Muss.

Anzeigen im Internet
- *www.www.autopoint.co.nz*
- *www.trademe.co.nz*
- *www.finda.co.nz*
- *www.nzherald.co.nz/classifieds*

Viele **Angebote** hängen an den schwarzen Brettern aus. In manchen Städten gibt es Gebrauchtwagenmärkte speziell für Backpacker. Davon – und von den offiziellen – erfährt man durch Rumfragen oder aus der Zeitung. In den lokalen Tageszeitungen erscheint der Kfz-Markt sonnabends. Außerdem lohnt ein Blick in Automagazine.

Wem der Kauf von privat zu heikel ist, der sollte sich an einen **Autohändler** wenden. Es gibt welche,

Gebrauchtwagenmärkte und -auktionen
- *Auckland Carfair (www.carfair.co.nz), jeden Sonntag auf dem Ellerslie Racecours*
- *Auckland City Car Fair, Beach Road, samstagvormittags*
- *Backpacker Car Market, Auckland, 190 Hobson Street*
- *Turners Car Auction (www.turners.co.nz), verschiedene Locations*
- *In den Gelben Seiten (www.yellowpages.co.nz) oder auch über Internetsuchmaschinen kann man sich die Adressen und Kontaktnummern weiterer Automärkte und -auktionen anzeigen lassen.*

die sich auf Backpacker spezialisiert haben. Autohändler verlangen zwar mehr Geld, bieten in der Regel aber eine Garantie auf bestimmte Fahrzeugteile und eine Rückkaufgarantie *(buy back-deal)*. Die Zeit, die man ansonsten in den Wiederverkauf des Autos investieren müsste, darf man nicht unterschätzen. Allerdings sollte man nur mit lizenzierten Autohändlern *(licensed car dealers)* Geschäfte machen, sich immer alles schriftlich geben lassen und den Vertrag genau lesen.

Automobilclub

Eine Mitgliedschaft in der New Zealand Automobile Association lohnt in jedem Fall. Neben zahlreichen kostenlosen Infomaterialien erhält man Beratung und gute Angebote zu Themen wie Autokauf, lokale Vorschriften und Versicherungen und natürlich auch praktische Hilfe bei technischen Problemen. Gegen eine Gebühr kann man sein Fahrzeug auch durchchecken lassen.

- *www.aa.co.nz*

Gebrauchtwagenhändler

- ***Car Trek Auckland,*** *(Gebrauchtwagenmarkt für Backpacker mit Rückkaufangeboten), www.cartrek.co.nz, Auckland Office, 30/1 Matai Road, Greenland, Tel. +64 9 5226592, Mobil-Tel. 027 5555545, Booking Office, Tel. +64 6 8684973, Mobil-Tel. 025 2441275, Fax 8684973*

Auto kaufen

Beliebte **Fahrzeugmarken** für Backpacker sind Ford Falcons und Holden Commodores, aber auch VW-Busse. Praktisch sind sie vor allem, weil man in ihnen auch schlafen kann. Auch japanische Marken wie Toyota und Nissan sind sehr gängig. (Mit Autos dieser Marken hat man in Bezug auf Werkstätten und Ersatzteile wenig Probleme.) Will man einen relativ zuverlässigen und ordentlich ausgestatteten Pkw erwerben, sollte man als **Preis** mindestens 2000 $ einplanen. Bei billigeren Fahrzeugen ist der Ärger meist schon vorprogrammiert und man zahlt spätestens bei den Reparaturen drauf. Entscheidet man sich für einen Wagen mit Allradantrieb *(4WD – four wheel drive)*, muss man mit mindestens 3000 $ rechnen. Normalerweise sind die Kaufpreise rund um Auckland etwas höher als z. B. auf der Südinsel.

Als Ausländer in Neuseeland ein Auto zu kaufen, ist kein Problem. Man muss seinen Führerschein und den Reisepass vorweisen.

Das Fahrzeug muss vom Vorbesitzer **auf den Käufer umgemeldet** werden *(Change of Ownership)*. Für diese Formalität, die auf der Post gegen eine Gebühr von ungefähr 10 $ erledigt wird, braucht man eine neuseeländische Postadresse, an die die Fahrzeugpapiere gesendet werden. An die Ummeldung sollte man auch unbedingt denken, wenn man das Auto wieder verkauft, denn alle Verstöße gehen zu Lasten des offiziellen Besitzers des Fahrzeugs. Am besten man checkt vor dem Kauf, ob das Auto „schuldenfrei" ist. Dazu kann man sich an die Land Transport Safety Authority (LTSA) wen-

Websites rund ums Thema Auto

- *Land Transport NZ, www.ltsa.govt.nz, ein Zusammenschluss von Transfund New Zealand und der Land Transport Safety Authority mit vielen Informationen von staatlicher Seite*
- *Land Transport Safety Authority bietet unter www.ltsa.govt.nz/vehicle-safety/first-car umfangreiche Infos und Tipps zum Thema Autokauf*
- *VTNZ, Vehicle Testing New Zealand, www.vtnz.co.nz, führen neuseelandweit Autoinspektionen durch (pre-purchase test, WoF usw.)*
- *National Auto Insurance, www.natauto.co.nz, Autoversicherung „Jetsetter" für Touristen*
- *BBH, www.bbh.co.nz, mit einer Liste der Hostels, die die „Globe Trotter" Versicherungspolice vertreiben*
- *Automobile Association, unter www.aa.co.nz/insurance/ gibt es die Versicherungsangebote des Automobilclubs*

den und sich über eventuell unbezahlte Strafen informieren.

Das Auto muss eine gültige **Registrierung** *(vehicle licensing)* haben. Diese, eine Art Nutzungserlaubnis für den Straßenverkehr, kann man zum Beispiel bei einer Poststelle oder der Automobil Association (AA) verlängern (für einen Zeitraum zwischen 3 und 12 Monaten). Man erhält eine kleine Karte, die hinter der Windschutzscheibe platziert wird. Für die Registrierung muss man mit Kosten von ca. 200 $ für 12 Monate rechnen.

Wer einen Diesel kauft, muss zusätzlich noch die **Road User Charge** (RUC) bezahlen. Auch diese Formalität kann u. a. auf einer Poststelle oder bei der Automobile Association geklärt werden.

Außerdem braucht man eine gültige **Warrant of Fitness** (WoF) für das Fahrzeug. Dies ist eine Sicherheitsprüfung ähnlich dem deutschen TÜV, die in regelmäßigen Abständen von Autowerkstätten oder VTNZ (Vehicle Testing New Zealand) durchgeführt werden muss (Kosten ca. 30 $). Wann die nächste WoF fällig ist, sieht man auf der Plakette, die an der Windschutzscheibe anzubringen ist. Fahrzeuge, die nicht älter als 6 Jahre sind, müssen nach 12 Monaten zum nächsten Check, alle anderen nach 6 Monaten.

Personenschäden sind in Neuseeland durch ein **staatliches Unfallversicherungssystem** automatisch versichert, ohne dass man dafür extra etwas zahlen muss. Sachschäden müssen separat versichert werden. Dafür bietet sich eine Police an, die National Auto (www.natauto.co.nz) unter dem Namen „Jetsetter" für Touristen vertreibt. Auch über BBH-Hostels kann man diese **Versicherung,** die sich dann allerdings „Globe Trotter" nennt, abschließen. Man kann zwischen einer Laufzeit von 3, 6, 9 oder 12 Monaten wählen. Die Versicherungssumme für Schäden am Eigentum Dritter *(third par-*

ty only insurance) beträgt 1 Million. Der Preis für die Police richtet sich nach der Laufzeit und dem Alter des Versicherungsnehmers. Je jünger man ist, desto teurer ist der Beitrag und desto höher die Selbstbeteiligung. Auf der Website von National Auto kann man sich online ein Angebote unterbreiten lassen.

Auch die Automobile Association bietet Versicherungen an (AA Insurance), die höhere Deckungssummen als die o. g. Angebote beinhalten und zum Teil auch Schäden am eigenen Fahrzeug erstatten.

Auto mieten

Wenn man nur für einige Tage oder Wochen einen fahrbaren Untersatz braucht, ist man mit dem Mieten eines Autos gut beraten. Mit ein paar Passagieren werden solche Ausflüge sogar zur **preiswerten Alternative** zu öffentlichen Verkehrsmitteln und Tourbuchungen.

In Neuseeland gibt es die üblichen, großen Autovermietungen und lokale, meist etwas billigere **Anbieter.** Ob billig auch besser ist, kann man nur durch Vergleichen der Angebote und Konditionen herausfinden. Oft locken die Vermieter mit **Sonderaktionen.** Normale Mietwagen, Campervans, 4WDs – alles geht, aber nicht überall. Die meisten Firmen erlauben mit normalen Mietwagen kein Befahren unbefestigter Straßen. Dafür muss man dann einen **4WD** mieten. *One-way rental,* d.h. das Mietauto an einem anderen Ort als dem Ausgangspunkt abgeben, bieten nicht alle Vermietungen an.

Personen unter 21 Jahren können keine Autos mieten, bis zu einem **Alter** von 25 Jahren muss man mit einer höheren Versicherung oder Restriktionen bei der Autogröße rechnen. Wichtig ist die **Versicherung.** Meist ist die Selbstbeteiligung sehr hoch. Fahrten bei Nacht, auf Sand- und Schotterpisten bzw. typische Schäden, die dabei passieren können, sind zum Teil gar nicht versichert. Das gilt z. B. für Schäden an Dach, Unterboden oder Windschutzscheibe. Bei Beantragung der Versicherung müssen alle möglichen Fahrer angegeben werden, sonst erlischt der Versicherungsschutz.

Autofahren in Neuseeland

In Neuseeland herrscht, wie in Großbritannien, Australien und einigen anderen Ländern, **Linksverkehr.** Daran sollte man sich vor allem in den ersten Tagen immer wieder erinnern.

In die größeren Städte hinein und heraus führen die mehrspurigen **Motorways,** die mit einer Autobahn vergleichbar sind. Die Geschwindigkeitsbegrenzung liegt allerdings in ganz Neuseeland bei 100 km/h. Die Motorways sind jeweils nur einige Kilometer lang. Sie gehen dann in zweispurige

▼ Bei den einspurigen Brücken ist besondere Vorsicht geboten

050ns Abb.: av

Highways über, die das ganze Land verbinden, mit gelegentlicher Überholspur an Steigungen. Die Highways können sehr unterschiedlich beschaffen sein. Die Möglichkeiten reichen von breiten asphaltierten Straßen bis zu schmalen kurvigen **Schotterpisten.** Da Neuseeland ein sehr hügeliges Land ist, in dem es nur wenige Tunnel gibt, ist die Streckenführung immer sehr **kurvenreich,** sodass vorsichtiges, langsames Fahren ratsam ist. In einigen Kurven gibt es Geschwindigkeitsempfehlungen, die auch eingehalten werden sollten.

Im Winter können einige Strecken, vor allem auf der Südinsel, aufgrund der **Witterungsverhältnisse** gesperrt sein oder es herrscht Schneekettenpflicht.

Eine Besonderheit von Neuseelands Straßen sind die **zahlreichen Brücken,** die nur einspurig sind. Hierbei muss man besonders auf Gegenverkehr achten, denn die Brücken sind wirklich nur so breit, dass ein Auto Platz hat. Normalerweise ist das Vorfahrtsrecht durch ein Schild vor der Brücke geregelt. Je nach Brückenlänge und Verkehrslage kann es dadurch zu kurzen Wartezeiten kommen. Einige dieser speziellen Brücken haben noch zusätzliche Besonderheiten. So gibt es auf der Südinsel nördlich von Haast die längste einspurige Brücke der Welt. Da sie so lang ist und man unter Umständen nicht sehen kann, ob ein Auto auf der anderen Seite auf die Brücke fährt, gibt es unterwegs mehrere Ausweichbuchten. In Greymouth teilt man sich die einspurige Brücke nicht nur mit dem **Gegenverkehr,** sondern auch noch mit dem TranzAlpine, der zweimal täglich von Christchurch nach Greymouth fährt und zurück. Hier ist also besondere Vorsicht geboten. Der Zug hat immer Vorfahrt!

Auf der Südinsel auf dem Weg von Westport nach Nelson gibt es eine Stelle, an der die Straße um eine Klippe führt. Auch hier hat es nur für eine

Die meisten Wege sind sehr gut ausgeschildert – so macht das Wandern Spaß

Spur gereicht. Ein Spiegel in der Kurve lässt einen erahnen, ob Gegenverkehr naht oder nicht.

Da Neuseelands Entfernungen zwischen den Orten nicht so extrem groß sind, gibt es genügend Möglichkeiten zum **Tanken.** Dass man vor längeren Touren in Nationalparkgebieten noch einmal voll tankt, sollte klar sein, ansonsten gelten die gleichen Regeln wie überall. In den größeren Ortschaften ist das Benzin billiger als an manchen kleineren Tankstellen in der „Pampa".

Mitfahren

Trampen ist in Neuseeland in der Regel kein Problem. Wenn man nicht von einem der zahlreichen Backpacker am Straßenrand aufgesammelt wird, so findet sich garantiert ein netter Kiwi, der einem unter Umständen gleich noch ein Quartier für die Nacht anbietet. Trotzdem sollte man natürlich vorsichtig sein. Eine etwas sicherere Art wäre da zum Beispiel, die schwarzen Bretter in Hostels zu nutzen, um Mitfahrgelegenheiten anzubieten oder zu suchen. Dies gibt einem die Möglichkeit seinen Fahrer oder Mitfahrer erst einmal kennen zu lernen, bevor man beschließt mit ihm zu fahren.

Mitfahrgelegenheiten übers Internet
- *www.carshare.co.nz*
- *http://pacific.bugride.com*

Wandern

In den zahlreichen **Nationalparks** und rund um die Touristenattraktionen gibt es viele schöne und meist gut ausgeschilderte Wanderwege. In fast jedem Ort gibt es ein Büro des Department of Conservation (DOC) oder ein Informationszentrum, wo man Broschüren mit **Wanderroutenvorschlä-**

gen, Informationen zu Tier- und Pflanzenwelt sowie zu Übernachtungsmöglichkeiten erhalten und nützliche Kleinigkeiten kaufen kann. Beim Wandern, vor allem bei heißen Temperaturen, muss auf die Mitnahme von ausreichend **Wasser** geachtet werden. Das Tragen einer **Kopfbedeckung** und das Eincremen mit **Sonnenschutz** sind selbstverständlich, genauso wie das Tragen von gut eingelaufenen, knöchelhohen **Wanderschuhen.** Des Weiteren sollte an Insektenschutzmittel und regenfeste Kleidung gedacht werden. Eine leichte, atmungsaktive Regenjacke, eine Regenhose sowie ein wasserdichter Schutz für den Rucksack sollten im Gepäck sein. Wer in den Wintermonaten wandern möchte, sollte in einigen Regionen an winterfeste Kleidung und eventuell Equipment wie Eispickel und Schneeschuhe denken.

Einige der **Wanderwege** sind vom DOC als **Great Walks** ausgezeichnet worden. Diese Walks sind sehr attraktiv und beliebt. Darum ist es im Som-

Literaturtipp

„Trekking-Handbuch" von Gunter Schramm, Reise Know-How Verlag, Bielefeld. Der kompakte Ratgeber für Anfänger und Fortgeschrittene

Unterwegs

Tongariro Northern Circuit

Einer der Great Walks ist der Tongariro Northern Circuit im Tongariro National Park im Herzen der Nordinsel. Der Track windet sich in vulkanischer Landschaft um den Mt Ngauruhoe und über den Mt Tongariro. Verschieden lange Wanderungen können auf der Strecke gemacht werden, von Tageswanderungen bis hin zu Walks über drei bis vier Tage. Die beste Wanderzeit ist im Sommer von Dezember bis März. Im Winter ist der Track mit Schnee und Eis bedeckt und erfordert somit extra Ausrüstung wie Eispickel und Schneeschuhe. Zu dieser Zeit ist der Walk nur für erfahrene Alpinisten zu empfehlen, die mit der Ausrüstung, sowie mit plötzlichen Wetterumschwüngen und Lawinengefahr umgehen können.

Abel Tasman Coast Track

Der Abel Tasman Coast Track führt durch eine Region, die als die wärmste Neuseelands gilt. Es geht 51 km über die nördlichen Strände der Südinsel. Eine Besonderheit des Tracks ist, dass einige Stellen nur bei Ebbe passiert werden können. Für den gesamten Track benötigt man im Durchschnitt drei bis fünf Tage. Übernachtungen sind kostenpflichtig in Hütten oder auf Campingplätzen möglich. Wer nur einen Teil des Weges begehen möchte, kann sich mit Booten zu bestimmten Stränden bringen bzw. auch wieder abholen lassen.

Milford Track

53,5 km führt der Milford Track durch den Fiordland National Park im Süden Neuseelands. Die recht hügelige Streckenführung erfordert einen gewissen Grad an Fitness, außerdem kann der Walk nur organisiert begangen werden. Beginnend in Te Anau, endend in Milford Sound muss der Transport hin und zurück bedacht werden. Es gibt viele Tourenanbieter, die ein entsprechendes Packet anbieten, vorausgesetzt der Track wird in vier Tagen gelaufen. Im Sommer ist eine Buchung eines Platzes auf dem Walk zwingend. Im Winter ist die Reservierung nicht nötig, außerdem kann zu dieser Zeit der Track auch in die andere Richtung gelaufen werden. Jedoch kann Schneefall zu Lawinengefahr und Unpassierbarkeit der Strecke führen.

mer auf den meisten Walks nötig, rechtzeitig eine Buchung vorzunehmen, da die Zahl der Wanderer auf dem Track pro Tag begrenzt sein kann. Die Hütten und Campingplätze auf den Great Walks kosten pro Nacht ab 10 $ aufwärts (s. a. S. 117ff.) Um sie benutzen zu können, muss man sich einen **Great Walk Pass** zulegen. Dieser Pass, den es in den Büros des DOC gibt, sollte vor Beginn der Wanderung erworben werden. Gegen ordentlichen Aufpreis kann er aber auch direkt auf dem Walk in einer der Hütten erstanden werden.

- ***Department of Conservation,*** *www.doc.govt.nz*

Literaturtipp

„Handbuch Mountainbiking" von Ralle K. !, Reise Know-How Verlag, Bielefeld. Das ideale Handbuch für angehende Mountainbiker: Materialkunde, Kaufberatung, Fahrtechnik, praktische Tipps und vieles mehr.

Mit dem Fahrrad

Wer mehr Zeit hat und Neuseeland mit etwas anderen Augen sehen möchte, ist gut beraten, mit dem Fahrrad zu fahren. Als Fahrradfahrer kann auf allen Straßen außer den Motorways gefahren werden. Die meisten Straßen haben einen **Seitenstreifen,** den man sicher benutzen kann. Schweres Gepäck wie Campingausrüstung ist nicht zwingend notwendig, da die Hostels so dicht gesät sind, dass man ohne Probleme und auch als untrainierter Hobbyfahrer die Distanz von einem Hostel zum nächsten an einem Tag schafft.

Wer nur an kürzeren Touren interessiert ist, kann sich einfach ein Fahrrad **vor Ort mieten.** Viele Geschäfte, vor allem in touristisch orientierten Städten bieten so einen Service an.

Wer in Neuseeland ein **Fahrrad kaufen** möchte, hat die Möglichkeit, einen **Buy Back Deal** abzuschließen, das heißt, dass das

Pedallers' Paradise

Pedallers' Paradise ist ein Guide für Fahrradfahrer. Das Heft gibt es für die Nord- und die Südinsel. Neben allen gängigen Strecken mit Distanzen und Höhenprofilen sind auch andere wichtige Informationen wie Hostels und Fahrradgeschäfte vermerkt.

- *www.paradise-press.co.nz*

052ns Abb.: jk

▲ *Nur für Hartgesottene, die sich auch gerne mal in den Dreck legen, ist das Downhill-Montainbiking*

Fahrradgeschäft das Rad nach Beendigung der Tour garantiert wieder zurückkauft. Einige Läden bieten einen fixen Preis, den sie zahlen werden, wenn das Rad innerhalb eines bestimmten Zeitraums wieder zurückgebracht wird. Wer sein Fahrrad später zurückverkaufen möchte, muss sich auf Verhandlungen mit dem Geschäft einlassen. Praktisch ist es allerdings, wenn es sich dabei um eine Geschäftskette handelt, die im ganzen Land Filialen hat. So ist man nicht unbedingt darauf angewiesen, einen Rundkurs zu fahren, sondern kann sein Fahrrad zum Beispiel im Norden kaufen und im Süden wieder loswerden.

Es gibt aber auch eine Anzahl von Second-Hand-Fahrradläden, wo man günstig gebrauchte, aber gute, zuverlässige Fahrräder erwerben kann und auch hier kann man versuchen, sie wieder an das Geschäft zurückzuverkaufen.

Wer sein **eigenes Fahrrad** mit nach Neuseeland nehmen möchte, kann dies grundsätzlich tun. Hierfür muss das Fahrrad entweder in einer Kartonbox verpackt werden oder zumindest der Lenker um 90° gedreht und die Pedale abgeschraubt werden. Viele Fluggesellschaften verlangen für den Transport einen Aufpreis. Es ist auf jeden Fall ratsam, sich vorher bei seinem Flugunternehmen zu informieren.

Fahrradinfos und -verleih

- *www.bicyclerentals.co.nz*

Wichtig: In Neuseeland besteht für alle Fahrradfahrer **Helmpflicht.**

054ns Abb.: jk

Anhang

Internetseiten

Offizielles

- **www.purenz.com (Tourism New Zealand)**
  24-Stunden-Informations-Hotline:
  (Deutschland) 0900 1007873
  (Österreich) 0900 150123
  (Schweiz) 0900 100787
- **http://www.maf.govt.nz/quarantine/** und **www.customs.govt.nz**
  Hier gibt es Infos zu Einreise- und Einfuhrbestimmungen. Die Neuseeländer haben strenge Vorschriften, was das Mitbringen von verschiedenen Produkten (Lebensmittel, Tierprodukte) betrifft.

Allgemeines

- **www.nzvillage.com**
  Auf Neuseelands Experten-Portal für Reisen, Sprachschulen und Auswanderungen gibt es neben vielen nützlichen Infos auch ein Forum und einen Newsletterservice.
- **www.nzinfo.de**
  Viele Infos für Backpacker von Reisevorbereitung bis Outdoor-Tipps. Mit Reiseberichten, Forum und Anbieterdatenbank.
- **www.neuseelandhaus.de**
  Neben Infos gibt es einen Shop für neuseeländische Produkte, ein Forum und einen Newsletterservice.
- **www.nzbackpack.com**
  Auf dieser englischsprachigen Website finden sich zahlreiche Tipps zur Vorbereitung und Durchführung eines Neuseelandaufenthaltes.
- **www.destinationdownunder.com** und **www.backpackerboard.co.nz**
  Englischsprachige Websites speziell für Backpacker in Neuseeland mit zahlreichen Infos zu Unterkunft, Transport und Jobs.

Neuseeländische Verzeichnisse und Suchmaschinen

- www.**yellowpages**.co.nz
- www.**whitepages**.co.nz
- www.**searchnz**.co.nz
- www.**stuff**.co.nz
- www.**google**.co.nz
- www.**yahoo**.co.nz

Literaturtipps

- Anke Richter: **Aussteigen auf Zeit. Das Sabbatical-Handbuch,** vgs, 2002. Viele Informationen und Erlebnisberichte machen Mut zum Ausstieg.
- Barbara Hess: **Sabbaticals,** Frankfurter Allgemeine Buch im F.A.Z.-Institut, 2002. Abstimmung des Sabbatical mit dem Arbeitgeber, Musterverträge, Checklisten, Verhandlungstipps etc.
- Witi Ihamaera: **Whalerider,** Rowohlt, 2003. An Aufmerksamkeit gewonnen hat die Geschichte des Maori-Mädchens Paikea sicherlich durch den Film „Whale Rider", der 2003 in den Kinos lief. Sehr einfühlsam beschäftigt sich der Stoff mit den Traditionen und dem Stolz der neuseeländischen Ureinwohner.
- Keri Hulme: **Unter dem Tagmond,** Fischer, 1997. Der Roman setzt sich mit den gesellschaftlichen Problemen Neuseelands – nationale Identität, Wiederbelebung und Integration der Maorikultur sowie die Ausbeutung des Landes – auseinander.

Alle Reiseführer auf einen Blick

Reisehandbücher
Urlaubshandbücher
Reisesachbücher
Rad & Bike

Afrika, Bike-Abenteuer
Afrika, Durch, 2 Bde.
Agadir, Marrakesch
und Südmarokko
Ägypten individuell
Ägypten Niltal
Alaska ↗ Canada
Algarve
Algerische Sahara
Amrum
Amsterdam
Andalusien
Apulien
Äqua-Tour
Argentinien, Urug., Parag.
Athen
Äthiopien
Auf nach Asien!
Australien, Osten/Zentrum
Auvergne, Cevennen
Bahrain
Bali und Lombok
Bali, die Trauminsel
Bangkok
Barcelona
Berlin
Borkum
Botswana
Brasilien
Brasilien kompakt
Bretagne
Budapest
Bulgarien
Burgund
Cabo Verde
Canada West, Alaska
Canadas Ost, USA NO
Chile, Osterinseln
China Manual
Chinas Norden
Chinas Osten
Cornwall
Costa Blanca
Costa Brava
Costa de la Luz
Costa del Sol
Costa Dorada
Costa Rica
Cuba
Dalmatien
Dänemarks Nordseeküste
Disneyland Resort Paris
Dominikanische Republik
Dubai, Emirat
Ecuador, Galapagos
El Hierro
Elsass, Vogesen
England – Süden
Erste Hilfe unterwegs
Europa BikeBuch
Fahrrad-Weltführer
Fehmarn
Florida
Föhr
Friaul, Venetien
Fuerteventura
Gardasee
Golf v. Neapel,
Kampanien
Gomera
Gotland
Gran Canaria
Großbritannien
Guatemala
Hamburg
Hawaii
Hollands Nordseeinseln
Holsteinische Schweiz
Honduras
Hongkong, Macau, Kanton
Ibiza, Formentera
Indien – Norden
Indien – Süden
Iran
Irland
Island
Israel, palästinensische
Gebiete, Ostsinai
Istrien, Velebit
Jemen
Jordanien
Juist
Kairo, Luxor, Assuan
Kalabrien, Basilikata
Kalifornien,
USA Südwesten
Kambodscha
Kamerun
Kanada ↗ Canada
Kap-Provinz (Südafrika)
Kapverdische Inseln
Kenia
Kerala
Korfu, Ionische Inseln
Korsika
Krakau
Kreta
Kreuzfahrtführer
Ladakh, Zanskar
Langeoog
Lanzarote
La Palma
Laos
Lateinamerika BikeBuch
Libyen
Ligurien
Litauen
Loire, Das Tal der
London
Madagaskar
Madeira
Madrid
Malaysia,
Singapur, Brunei
Mallorca
Mallorca,
Leben und Arbeiten
Mallorca, Wandern auf

Reise Know-How

Malta
Marokko
Mauritius/La Réunion
Mecklenb./Brandenburg: Wasserwandern
Mecklenburg-Vorpomm. Binnenland
Mexiko
Mexiko kompakt
Mongolei
Motorradreisen
München
Myanmar
Namibia
Nepal
Neuseeland BikeBuch
New York City
Norderney
Nordfriesische Inseln
Nordseeküste Niedersachsen
Nordseeküste Schleswig-Holstein
Nordseeinseln, Deutsche
Nordspanien
Normandie
Oman
Ostfriesische Inseln
Ostseeküste MVP
Ostseeküste Schleswig-Holstein
Outdoor-Praxis
Panama
Panamericana, Rad-Abenteuer
Paris
Peru, Bolivien
Peru kompakt
Phuket
Polens Norden
Prag
Provence
Pyrenäen
Qatar
Rajasthan
Rhodos
Rom
Rügen, Hiddensee
Sächsische Schweiz
Salzburg
San Francisco
Sansibar
Sardinien
Schottland
Schwarzwald – Nord
Schwarzwald – Süd
Schweiz, Liechtenstein
Senegal, Gambia
Singapur
Sizilien
Skandinavien – Norden
Slowenien, Triest
Spaniens Mittelmeerküste
Spiekeroog
Sri Lanka
St. Lucia, St. Vincent, Grenada
Südafrika
Südnorwegen, Lofoten
Südwestfrankreich
Sydney
Sylt
Syrien
Taiwan
Tansania, Sansibar
Teneriffa
Thailand
Thailand – Tauch- und Strandführer
Thailands Süden
Thüringer Wald
Tokyo
Toscana
Transsib
Trinidad und Tobago
Tschechien
Tunesien
Tunesiens Küste
Türkei, Hotelführer
Uganda, Ruanda
Umbrien
USA/Canada
USA, Gastschüler
USA, Nordosten
USA – der Westen
USA – der Süden
USA – Südwesten, Natur u. Wandern
USA Südwesten, Kalifornien
Usedom
Venedig
Venezuela
Vereinigte Arabische Emirate
Vietnam
Wales
Warschau
Westafrika – Sahel
Westafrika – Küste
Wien
Wo es keinen Arzt gibt
Yukatan
Zypern

Edition RKH

Abenteuer Anden
Burma/Myanmar – Land der Pagoden
Durchgedreht – sieben Jahre im Sattel
Eine Finca auf Mallorca
Geschichten aus dem anderen Mallorca
Goldene Insel, Die
Mallorca, für Leib und Seele
Mallorquinische Reise
Please wait to be seated!
Salzkarawane, Die
Südwärts durch Lateinamerika
Traumstraße Panamerikana
Unlimited Mileage

Alle Reiseführer auf einen Blick

Praxis

(Auswahl. Vollständiges Programm siehe Homepage.)

Aktiv Algarve
Aktiv Andalusien
Aktiv Dalmatien
Aktiv frz. Atlantikküste
Aktiv Gardasee
Aktiv Gran Canaria
Aktiv Istrien
Aktiv Katalonien
Aktiv Marokko
Aktiv Polen
Aktiv Slowenien
Als Frau allein unterwegs
Australien: Reisen/Jobben
Australien: Outback/Bush
Bordbuch Südeuropa
Clever buchen/fliegen
Clever kuren
Drogen in Reiseländern
Fernreisen, Fahrzeug
Fliegen ohne Angst
Fun u. Sport im Schnee
Geolog. Erscheinungen
Gesund. Dtl. Heilthermen
GPS f. Auto, Motorrad
GPS Outdoor
Inline-Skaten Bodensee
Inline Skating
Islam erleben
Kanu-Handbuch
Konfuzianismus erleben
Kreuzfahrt-Handbuch
Küstensegeln
Maya-Kultur erleben
Mountain Biking
Mushing/Hundeschlitten
Orientierung mit Kompass und GPS
Paragliding-Handbuch
Reisefotografie
Reisefotografie digital
Respektvoll reisen
Richtig Kartenlesen
Safari-Handbuch Afrika
Selbstdiagnose unterwegs
Shoppingguide USA
Sicherheit/Bärengeb.
Spaniens Fiestas
Sprachen lernen
Transsib – Moskau-Peking
Trekking-Handbuch
Trekking/Amerika
Trekking/Asien Afrika
Tropenreisen
Unterkunft/Mietwagen
Verreisen mit Hund
Wandern im Watt
Wann wohin reisen?
Wein-Reiseführer Italien
Wein-Reiseführer Toskana
Wildnis-Ausrüstung
Wildnis-Küche
Wohnmobil-Ausrüstung
Wohnmobil-Reisen

KulturSchock

Ägypten
Argentinien
Australien
Brasilien
China, VR/Taiwan
Cuba
Familienmanagement im Ausland
Finnland
Golf-Emirate, Oman
Indien
Iran
Islam
Japan
Jemen
Kambodscha
Kaukasus
Leben in fremden Kulturen
Marokko
Mexiko
Pakistan
Polen
Russland
Spanien
Thailand
Türkei
USA

Wo man unsere Reiseliteratur bekommt:

Jede Buchhandlung der BRD, der Schweiz, Österreichs und der Benelux-Staaten kann unsere Bücher beziehen. Wer sie dort nicht findet, kann alle Bücher über unsere Internet-Shops bestellen. Auf den Homepages gibt es auch Informationen zu allen Titeln.

www.reise-know-how.de oder **www.reisebuch.de**

Mit Reise Know-How ans Ziel

Die Landkarten des world mapping project bieten gute Orientierung – weltweit.

- Moderne Kartengrafik mit Höhenlinien, Höhenangaben und farbigen Höhenschichten
- GPS-Tauglichkeit durch eingezeichnete Längen- und Breitengrade und ab Maßstab 1 : 300.000 zusätzlich durch UTM-Markierungen
- Einheitlich klassifiziertes Straßennetz mit Entfernungsangaben
- Wichtige Sehenswürdigkeiten, herausragende Orientierungspunkte und Badestrände werden durch einprägsame Symbole dargestellt.
- Der ausführliche Ortsindex ermöglicht das schnelle Finden des Ziels.
- Wasser abstoßende Imprägnierung
- Kein störender Pappumschlag, der den behindern würde, der die Karte unterwegs individuell falzen möchte oder sie einfach nur griffbereit in die Jackentasche stecken will

Derzeit rund 120 Titel lieferbar (siehe unter www.reise-know-how.de), z. B.:

Neuseeland	**1 : 1 Mio.**
Australien	**1 : 4,5 Mio.**
Australien, Ostküste	**1 : 1,8 Mio.**

world mapping project
Reise Know-How Verlag, Bielefeld

Neuseeland für Individualisten

Reinhard Pantke

Neuseeland Bikebuch

Die Kiwi-Inseln für Tourenradler und Mountainbiker: 10 große Radtouren durch die schönsten und interessantesten Gebiete der Nord- und Südinsel. Vorbereitung, Ausrüstung, exakte Streckenbeschreibungen, Outdoor-Aktivitäten wie Wandern und Kajakfahren, günstige Unterkünfte ...

Claudia Daley, Martin Lutterjohann

Neuseeland Slang

Das Englisch der Neuseeländer klingt weitaus britischer als das der Aussies und auch in der Umgangssprache gibt es viele Ähnlichkeiten zum Mutterland, doch die sprachlichen Eigenheiten der Kiwis sind nicht zu überhören.

Der Band richtet sich an Neuseelandreisende, die über ein gewisses Maß an englischen Sprachkenntnissen verfügen, sich aber noch nicht lange genug in Neuseeland aufgehalten haben, um in den Code des dortigen Umgangsenglisch eingeweiht zu sein.

Reise Know-How Verlag, Bielefeld

Register

Anhang

K

L

M

N

O

P

R

Bildnachweis

Die Kürzel an den Abbildungen stehen für folgende Personen, Firmen und Einrichtungen. Wir bedanken uns für ihre freundliche Abdruckgenehmigung.

Titelbild = *Norbert Romahn*
aa = *Alexandra Albert*
ab = *Andrea Buchspieß (Autorin)*
ar = *Anja Reitzner*
av = *André de Vries*
ew = *Elke Walter*
jk = *Johanna Kommer (Autorin)*
nr = *Norbert Romahn*
pq = *www.pixelquelle.de*
tb = *Thomas Büttner*

053ns Abb.: tb

049ns Abb.: jk

Die Autorinnen

Andrea Buchspieß (Foto links), geboren 1974 in Leipzig, zieht es oft in die weite Welt. Sei es, um zu reisen, zu studieren oder zu jobben. Ihr liebstes Hobby hat sie auch zum Beruf gemacht – sie arbeitet in der Reisebuchbranche. Durch das Interesse an ihrem Buch „Australien – Reisen und Jobben" vom Informationsbedarf zum Thema Auslandsaufenthalte überzeugt, entstand die Idee zu diesem Neuseeland-Titel. Dafür holte sie sich als Neuseeland-Expertin Johanna Kommer ins Boot, die schon an dem Buch „Schatzinsel Neuseeland" mitwirkte.

Seit **Johanna Kommer** (Foto rechts), geboren 1982 in Ludwigsburg, vom Reisefieber gepackt wurde, jobbte sie im Jahr 2000 für sieben Monate in England, reiste 2001 durch die USA und verbrachte schließlich von 2003 bis 2004 ein Jahr in Neuseeland und Australien. Dort führte sie das typische Leben eines Backpackers, wobei sie in Neuseeland viele Erfahrungen bei der Jobsuche und ihren verschiedenen Tätigkeiten sammelte. Um ihre Reise zu finanzieren, arbeitete sie unter anderem als Erntehelferin, in einem Kino und als Fahrradkurier.